黑格尔

SHIJIE
MINGREN
ZHUANJI
CONGSHU

谢华良⊙编著

世界名人传记丛书

北方妇女儿童出版社

图书在版编目(CIP)数据

黑格尔／谢华良编著. —长春：北方妇女儿童出版社，2010.5(2017.3 重印)

(世界名人传记丛书)

ISBN 978 - 7 - 5385 - 4642 - 2

Ⅰ. ①黑… Ⅱ. ①文… Ⅲ. ①黑格尔，G. W. F. (1770～1831) - 传记 - 青少年读物 Ⅳ. ①B516.35 - 49

中国版本图书馆 CIP 数据核字(2010)第 072211 号

世界名人传记丛书

shi jie ming ren zhuan ji cong shu

总 策 划　李文学　刘　刚

编　　著　谢华良

责任编辑　李少伟

插　　图　黄　镧

出版发行　北方妇女儿童出版社

（长春市人民大街 4646 号　电话:0431 - 85640624）

印　　刷　北京龙跃印务有限公司

开　　本　710×1000 毫米　1/16

印　　张　10

字　　数　74 千字

版　　次　2010 年 5 月第 1 版

印　　次　2017 年 3 月第 4 次印刷

书　　号　ISBN 978 - 7 - 5385 - 4642 - 2

定　　价　29.80 元

前言

《世界名人传记丛书》精选出来的世界名人完全是基于客观公正的立场，兼容古今中外，从教育、文学、科学、政治及艺术等方面选出最具影响力的著名人物。我们在向少年读者介绍世界上这些著名人物时，把他们面临危机的镇静，驾驭机遇的精明，面对挑战的勇气，别出心裁的创新，以及他们的志向、智慧、风格、气质、情感，还有他们的手段、计谋，以及人生的成功和败笔，一并绘声绘色地勾画出来。让少年读者跟随他们的脚步，去认识一个多维的世界，去体验一个充满艰辛、危机和血泪，同时又充满生机、创造和欢乐的真实人生。

为了顾及少年读者阅读的兴趣和习惯，这些传记都避免正面冗长的说教性叙述，而多从日常生活中富于启发性的小故事来传达名人所以成功的道理，尤其是着重于他们年少时代的生活特征，以期诱发少年读者们的共鸣。尽管是传记作品，我们也力求写得有故事性、趣味性。以人物的历史轨迹为骨架，以生动的故事为血肉，勾勒出名人们精彩的人生画卷；多用有表现力的口语、短句，不写套话、空话，力戒成人化，这是我们在风格和手法上的追求。

书中随处出现的精美生动的插图，乃是以图辅文，借以达到图文并茂的目的。每一个名人传记的文后，都附有简单的年谱，让少年读者能够从中再度温习名人的重要事迹。

希望我们的少男少女在课外阅读这些趣味性浓厚而立意严肃的世界名人传记时，能够于不知不觉之中领悟到做人处世的人生真谛。

2010 年 3 月

序言

黑格尔是哲学史上第一个自觉地、全面地、系统地阐述了辩证法的哲学家。

他1770年出生于德国西南部的斯图加特市，早年就读于拉丁学校和文科中学，1793年毕业于图宾根神学院。他做过家庭教师、报社编辑、中学校长，并先后在耶拿大学、海得堡大学和柏林大学任职。

他40岁时才感到要结婚，并终于找到一位合适的生活伴侣。1831年，霍乱侵袭柏林，61岁的黑格尔因感染，不幸去世。

他少年时代就酷爱读书，养成了摘录和分类标签的良好习惯。他尤其喜爱希腊古典文学，在中学阶段就写出了《论希腊人和罗马人的宗教》、《论古代诗人的若干特征》等优秀文章。

深厚的文化教养为黑格尔的理性思考奠定了坚实的基础。法国启蒙思想家卢梭和1789年的法国大革命，更激发了黑格尔的哲学思考。他热情地称赞法国大革命是“一次光辉的日出”，称拿破仑为“马背上的世界精神”，开始执著地以哲学的方式构建他的理性世界。

黑格尔的一生中，为我们留下了《精神现象学》、《逻辑学》、《法哲学》、《哲学史讲演录》、《哲学全书》等一系列哲学著作。这些著作既以最宏伟的形式总结了以往哲学的全部发展，又以最庞大的体系为后人留下了极其丰富的哲学遗产。他的辩证法理论，后来就成为马克思主义哲学的重要理论来源之一。

黑格尔的哲学，使人类的理性世界放射出更加瑰丽的光芒。

编者 识

不平凡的童年

青春岁月

成名成家

➡ 晚年的荣誉

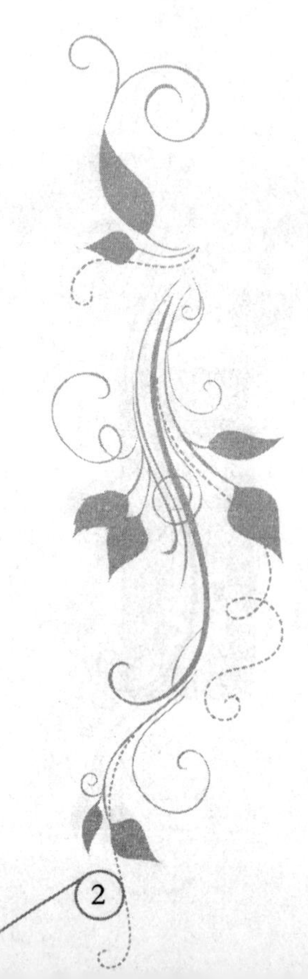

奇 迹

德国西南部的斯图加特，西靠法国，南邻瑞士，是一座美丽的边境小城。

1770年8月27日，灿烂的阳光普照着斯图加特。税务局书记官乔治·鲁德威·黑格尔的家里，更是充满了灿烂的阳光——一个男孩诞生了。

他叫威廉，全名叫格奥尔格·威廉·弗里德里希·黑格尔。

男孩黑格尔长着一双很出奇的大眼睛。他的眼珠不停地转动，好奇地打量眼前这个陌生而又神秘的世界。

“你看，这孩子多聪明啊！”父亲每天都要俯身盯着黑格尔看一会儿，每次都要这么自豪而欣喜地说一句。他对这个长子寄予了无限的希望。

不平凡的童年

发现唯独不见了妈妈。妈妈去了哪里呢？“妈妈，妈妈……”黑格尔从病中苏醒过来，一旁黑格尔的母亲玛利亚·玛格达伦娜幸福地笑笑，又轻轻摇摇头，低声说："我最担心的，就是这孩子的身体……"

母亲的担心并不是多余的。

黑格尔一出生就体弱多病。

一天天，一年年，黑格尔总是大病小病不断。

这可急坏了年轻的父母。他们希望黑格尔聪明，更希望黑格尔健康。他们把医生请到家里，或者背着他抱着他去寻医问药……只要儿子能康复，能像别的孩子那样有一个健壮的身体，他们就是再大的代价也愿意付出啊！

1776年，黑格尔6岁了。

一天，他正在家里玩耍，身体突然发起了高热，接着全身出现了红色的丘疹。

父母忙抱起他，跑去看医生。

一路上，父母不停地叫着黑格尔的名字，但他那双大眼睛怎么都不睁开。他在父母的叫喊中，迷迷糊糊地晕了过去。

黑格尔这一晕就是三四天。

他身上的高热不退，全身红色的丘疹，变成了疱疹，最后又变成了脓包……

医生告诉他的父母："这孩子得的是可怕的天花，恐怕……"

"不，他不会。他不能……"父亲瞪着眼睛叫喊，"你们不知道，他是一个多么聪明的孩子！"

医生耸耸肩，摇摇头，摊开两手，一副爱莫能助的神情。

这无疑是宣告了黑格尔的无可救药。

母亲左手紧紧抱着黑格尔，右手不停地在胸前画着十字，她在默默地祷告，她在乞求上帝：“保佑儿子黑格尔平安无事。”母亲深信他的儿子一定会从死神的魔爪里逃出来的。

5天后，奇迹出现了。

黑格尔醒了过来。又睁开了他那双出奇大的眼睛。

“威廉，我的儿子!”父亲惊喜地叫起来。

“爸爸，妈妈……”黑格尔一时想不明白，他仿佛只是睡了一大觉，爸爸妈妈怎么就消瘦了许多呢?

母亲更紧地抱住了他，深深舒了一口气，眼泪却不知不觉地流了下来。

死神这次只是和黑格尔开了个玩笑。可没想到，几年后，死神又一次光顾黑格尔一家。

那是黑格尔13岁那年，斯图加特一带流行起严重的痢疾和热病，黑格尔全家都受到了感染。黑格尔又是病得很重，他的扁桃体发炎，并且出现了脓肿，不过，他还是奇迹般地活了下来。

“妈妈，妈妈……”黑格尔从病中苏醒过来，发现唯独不见了妈妈。

妈妈去了哪里呢?

永远的母爱

黑格尔的母亲玛丽亚·玛格达伦娜，是一位有多方面教养的人。

她温柔善良，爱家庭、爱丈夫、爱孩子；她学识渊博，精通拉丁语，酷爱古典文学，有很深的文学功底。

黑格尔常常偎依在母亲身边，听她用舒缓、轻柔的语调，讲古希腊的神话传说，讲伊索寓言，朗读古罗马的诗歌。

黑格尔的那双大眼睛，不停地忽闪着，不知不觉地，就陶醉在古典文学那神秘美妙的氛围中了。

黑格尔 5 岁的时候，母亲又把拉丁语的初步变格法和相应的名词教给了他。

他很聪明，也很用心，母亲教给他的东西，他总是很快就学会、记准了。

母亲很高兴。黑格尔的聪明好学，让她的心里得到了很大的安慰。

一天，母亲又和父亲商量，想为黑格尔请一位家庭教师，以满足黑格尔那日渐增长的求知欲。

“好啊!”黑格尔的父亲马上同意，“我也正有这个想法呢!”

可是母亲又有些犹豫了，因为黑格尔的身体一直很弱，她担心学习任务重了，儿子会吃不消。

“要不，咱们和威廉再商量一下？”母亲踌躇着说。

父亲出去叫来了黑格尔。

正在院子里玩耍的黑格尔，小脸通红地跑进屋来，他看着父母脸上那郑重而又怜爱的表情，一时有些莫名其妙。他在心里猜想：父母一定要和自己说一件重要事，并且这件事一定与自己关系很大。

“爸爸、妈妈……”黑格尔小声说，“是又要、又要带我出去看病吗？”

父亲和母亲互相看着，苦笑了起来。

母亲一把搂过黑格尔，轻声告诉他：“孩子，爸爸和妈妈准备给你请一位家庭教师，你同意吗？”

“家庭教师？”黑格尔瞪大了眼睛。

“对呀，家庭教师——”母亲摸着黑格尔的脑袋说，“教你学更多更多的东西……”

“你每天教我，不是很好吗？”黑格尔疑惑地问，“妈妈，你难道不喜欢我了吗？”

母亲搂紧了黑格尔，轻声笑了，说：“傻孩子，妈妈怎么会不喜欢你呢？爸爸妈妈就是因为喜欢你，才要花钱为你请家庭教师，让你学到更多的知识，让你……”

“那么，亲爱的妈妈，你会每天陪我一起看书，一起学习吗？”

“当然喽，”母亲说，“我们只是担心你……怕你受累的！”

“没关系！”黑格尔胸脯一挺说，“家庭教师什么时候来，是今天吗？”

母亲和父亲宽慰地站起身，双双把黑格尔托了起来。

家庭教师很快就请来了。他每天教黑格尔一个小时，学习几何学、希腊文等知识。

母亲每天都陪着黑格尔学习、读书，并经常带他出去玩，又抓住一切机会训练他的说话能力。因为母亲发觉黑格尔不善于口头表达，特别是在生人面前。

“勇敢些！”母亲总是这样鼓励黑格尔。

在母亲的关爱和影响下，黑格尔的学习进步很快，逐渐地，他养成了独立读书，独立思考的习惯。他非常爱母亲，似乎一时一刻都离不开她了。

“妈妈，你会永远陪着我吗？”一天，黑格尔天真地问母亲。

母亲笑了，告诉黑格尔：“会的，妈妈会永远地陪着你！”

但母亲并没有陪黑格尔多久，在那次斯图加特一带的流行病中，她也染上了重疾，一病不起。“威廉，我的儿子，威……廉……”她轻声叫着黑格尔的名字，慢慢地合上了双眼，永远地离开了人世。

同在病危中的黑格尔对周围发生的事，一点也不知道。

“妈妈，妈妈……”当黑格尔又一次从死神手中逃脱，才发现妈妈不在身边，“妈妈，妈妈……”

他的妹妹克丽丝汀娜拉住他的手，哭着告诉他：“哥哥，

妈妈她已经……死了!”

黑格尔悲痛万分:“妈妈，妈妈……”

他想不明白：妈妈不是答应永远陪着自己吗?

他知道，在以后漫长的人生道路上，永远陪伴自己的，只有那令人回味的绵绵母爱，还有母亲那短暂的一生中，对自己最深远的影响了。

图书馆的小读者

由于母亲的影响，黑格尔小时候就养成了读书的习惯。

他非常喜欢读书，把自己的零用钱都用到了买书上，把一切可利用的时间都用在了读书上。

他家附近有一座公爵图书馆，他常常到那里去看书，这是少年黑格尔最乐意去的地方啦。

公爵图书馆每逢星期三、六开放，馆里摆着一排排长桌，桌上面还有纸和墨水，供读者使用。

黑格尔第一次来这里的时候，立刻就被琳琅满目的图书吸引住了。

图书管理员微笑着走过来，对黑格尔说：“小朋友，你想看故事书吧？实在抱歉，这里暂时没有你能看懂的书。”

黑格尔并不做声。他认真地在图书目录上挑选起来。

不一会儿，黑格尔就选定了一本书，他把书名工整地写在卡片上，交给了图书管理员。

“《美学导论》?”图书管理员惊讶地叫出声来，“你要读《美学导论》?”

黑格尔平静地点点头：“是的，我要读巴托的《美学导论》。”

“这，这可是……”图书馆理员吃惊地说，“这可是一本很严肃的书啊?”

“是的，我喜欢读严肃的书。”

图书管理员忙去把书找来，递给黑格尔。

黑格尔接过书，稳稳当当地走到一张桌子前，坐下，打开书，埋头读了起来。

他一直很认真地读完了“论叙事诗”一章，才郑重地把书交还给图书管理员。

“下次来，我还要接着读这本书。”他对图书管理员说。

这使旁边一直注意观察他的图书管理员们都不得不刮目相看了。

从此，每当黑格尔来到公爵图书馆，都要受到图书管理员最热情的接待。这不只因为他是这里最小的读者，更因为他每次读的书都是那些最严肃、最深奥的书。

黑格尔读了巴托的《美学导论》德译本，又读了希腊文的《亚里士多德论死亡》、拉丁文的《西塞罗哲学著作》以及古罗马诗人的一些诗歌。

黑格尔读这些书的时候，并不是简单地翻一翻、看一看，而是养成了一种独特的习惯。那就是，把读过的东西详细地摘录在一张张活页上，然后按照语言学、美学、面相学、算学、几何学、心理学、史学、神学和哲学等项目加以分类，每一类都严格地按照字母次序排列，所有摘录都放在贴有标签的文件夹里。

黑格尔的这种读书方式很快在公爵图书馆流行开了，但坚持得最好的，只有黑格尔一个人。

图书馆理员对黑格尔的做法又感到吃惊了，他悄悄来到黑格尔身边，低声探问："请问小朋友——不，请问小先生，你为什么用这种方式读书?"

黑格尔笑了笑，说："读书是为了用书。我这样做，以后不论需用哪一条摘录，都可以马上找到。"

"那么再请问，"图书馆理员是个喜欢刨根问底的人，"是什么样的名师传授给你的这种方法呢?"

"不，不是什么名师，都是很普通的人，"黑格尔自豪地说，"一个是我的母亲，一个是我的老师勒夫勒尔。"

"那么，该祝贺你有一位好母亲，我想以后有机会，一定去拜访她……"

"不，她，已经去世了，"黑格尔低声说，"不过，你可以去拜访我的老师勒夫勒尔。"

"噢，真是对不起，谢谢你，对不起……"

良师勒夫勒尔

斯图加特文科学校，是一所十年一贯制的学校，有着较长的历史和良好的校风。从1777年秋至1787年秋这10年中，黑格尔一直在这所学校里读书。

他在这里遇到了一位好老师——勒夫勒尔。

那是刚入学不久的一天，勒夫勒尔把黑格尔带到了自己的书房。书房不大，但很整洁。从窗外射进来的夕阳晚照映着勒夫勒尔老师那瘦弱而慈祥的面庞。

勒夫勒尔老师让黑格尔在书桌旁的椅子上坐下来，他自己却踱着步，边踱边说：“作为文科学校的学生，你首先应该学会运用祖国语言流畅地表达思想。现在你就用简洁的德语，写出你的简历和志向，好吗？”

“好的，就好。”黑格尔答应着，拿起笔在纸上写了起来。

不一会儿，他便起身把写好的简历恭敬地交到老师面前。

勒夫勒尔过来看了看，拍着黑格尔的肩头说：“好，还是你来念给我听，好吧？”

黑格尔挠挠头，还没等念出声，脸就先涨红了。

勒夫勒尔没有笑，也没有训斥他。他在耐心地等着黑格尔。

“简历：格奥尔格·威廉·弗里德里希·黑格尔，1770 年 8 月 27 日生于斯图加特……”黑格尔的声音小得像蚊子，后来干脆连自己都听不见自己的声音了。

勒夫勒尔老师走过来，轻轻摸摸黑格尔的头，柔声地说：“孩子，别怕，声音大点！勇敢些！”

一阵暖流涌向了黑格尔的全身。他向来不善于口头表达，他知道这是勒夫勒尔老师在有意训练自己。他的心里感到一下就和这位老师贴近了许多。

“老师……”他看见老师勒夫勒尔正慈祥地望着自己，他用力点了点头。

黑格尔终于有了勇气和信心，他双脚并拢，挺起胸膛，双手将纸抬过肩，就像平时在母亲面前那样，昂头高声念道：

“简历：格奥尔格·威廉·弗里德里希·黑格尔，1770 年 8 月 27 日生于斯图加特，我的志向是：为祖国效力，为人类贡献！”

“好，很好！”勒夫勒尔老师满意地笑了，他轻轻拍着黑格尔的肩头，示意他坐下，“情绪饱满，语言流畅，我真为你的进步感到高兴！今天我就跟你多唠一会儿，好吧？”

黑格尔惊喜地笑了，脸上现出了幸福激动的红晕。

天色渐晚了。师生两人还在促膝交谈着。

勒夫勒尔老师从如何加强口语表达，讲到如何正确流畅地运用语言文字，从课内知识又讲到课外知识，从读书又讲到做

人……

夜色已深，黑格尔该告别了。勒夫勒尔老师从身后书架上取下一套《莎士比亚戏剧集》德译本，在扉页上写了一行字：

你现在还读不懂，但是不久会读懂的。

随后签上了自己的名字和日期。

“收下这套书吧，孩子，”勒夫勒尔老师把书送到黑格尔面前，“这是我国当代诗人薇兰翻译的《莎士比亚戏剧集》。莎士比亚是英国伟大的戏剧家和诗人。我豪不夸张地说，他的戏剧真可以称得上是英国以至欧洲社会科学的百科全书。”

黑格尔谦恭地从老师手中接过赠书，眼里闪现着欣喜和感激的泪花，轻声说：“谢谢您，尊敬的勒夫勒尔老师！”

怀念恩师

1785 年 7 月 6 日，勒夫勒尔老师突然病逝了。他的逝世使少年黑格尔情感上受到了一次强烈的冲击。

本来就不活泼的黑格尔，变得更加沉默了。

他的眼前不时闪现出勒夫勒尔老师那慈祥的面庞，耳边不时回响起勒夫勒尔老师那亲切的话语："孩子别怕，声音大点、勇敢些……"

再也不能到勒夫勒尔老师的书房里去了，再也不能聆听他老人家的教诲，再也不能和他老人家促膝谈心了。

几年来，勒夫勒尔老师给了黑格尔多么大的鼓励和关爱呀！甚至后来黑格尔升入高年级，勒夫勒尔已经不再是黑格尔的年级主任了，他仍然一如既往地关注着黑格尔的成长，利用休息时间向黑格尔传授一些课外知识：讲解《新约全书》，同黑格尔一起讨论西塞罗和保罗书信中的精彩片断，讲述古代寓言故事，介绍希伯莱语的常识……

黑格尔总是怀着强烈的求知欲，以极大的热情来到勒夫勒尔这里学习。

勒夫勒尔把黑格尔当做自己最得意的门生。他认为黑格尔的思维已超出同龄人，甚至多次当面表扬黑格尔："我觉得你是一个思想早熟的孩子，好好学习，一定能成大器。"

勒夫勒尔老师多次送书给黑格尔，并且在他去世前，留下遗嘱，把自己的大部分藏书都留给了黑格尔。

这是一笔多么大的财富啊！

黑格尔在家里建立了一个家庭图书室，把恩师勒夫勒尔赠送的图书，摆放在最显著的位置。

睹物思人。黑格尔时刻牢记着勒夫勒尔的教诲和鼓励，时刻怀念着恩师勒夫勒尔。

他在日记中这样写道：

勒夫勒尔先生是我最尊敬的一位老师，特别是我在文科学校低年级的时候，我敢说他几乎是最优秀的。

他为人公正无私，一心为学生，为众人谋福利。他不像别人那样思想庸俗，以为只要把那种古旧的年年稍事更改的班级惯例推行下去，他们就有了生计，而不需要学习提高。

不，我的先师不这样想，他了解科学的价值以及科学在各种不同情况下给一个人的安慰。

我们经常在那间小小的书房里促膝相谈，那是多么快乐啊！

很少有人了解他的功绩。像他这样的一个人，完全限制在他的工作范围内，这真是一个很大的不幸。

现在他已经长眠了！但我将永远并始终不渝地怀念他！

这是15岁的黑格尔怀着真挚的情感，对自己至亲至爱的先师的颂扬和悼念。

为了不辜负恩师勒夫勒尔的厚望，少年黑格尔决心更加勤奋努力地学习。

散步樱桃园

星期四，7 月 14 日。

阿贝尔和霍普夫两位教授先生前日光临我们的聚会。我们和他们两位一起散了步，他们专门给我们谈了维也纳。

星期五，7 月 15 日。

我和克勒斯教授一起散步。我们很入神地读门德尔松的《悲多》……

星期二，7 月 19 日。

政府顾问兼枢密院秘书施密特林今天也去世了，当时他正吃着饭，伸手去拿汤匙，不料中了风。

……

少年黑格尔一直坚持记着日记。

他观察生活，独立思考，并在日记中逐渐形成了一种老成、冷僻的文风。

初夏的斯图加特，阳光明媚，景色宜人。最热闹的要数那一处处果实累累的樱桃园了。

樱桃正红，似串串珍珠，像片片玛瑙，吸引着过往行人。

一群快乐的孩子，嬉笑着，叫喊着，穿梭在樱桃园里。

正在散步的黑格尔，停了下来。

吸引住他的，不是那串串红樱桃，也不是那群快乐的孩子，而是正向樱桃园走来的一老一少。

“爷爷，你看，樱桃熟了！”孩子兴奋地喊道。

“嗯。”老人平静地点点头。

“爷爷，快走，咱们一起吃樱桃！”

老人不做声，只是跟着孩子缓缓地向前走。

“爷爷，快来呀！”那孩子已迫不及待地跑到一棵樱桃树下了。

老人晃晃头，仍是缓缓地往前走。

“爷爷，快点……呀，好甜的樱桃啊！”

老人笑了一下，看了一眼旁边的黑格尔，又抬头望着面前娇嫩喜人的红樱桃，像是自言自语地说道：

“唉，小时候，是那么的馋樱桃，可那时候，哪有现在这样多的樱桃花园啊——是想吃吃不到；现在呢，樱桃多得是，可人又老了，有吃也不想吃喽！”

黑格尔一惊。他没想到，从这位普通老人的嘴里，竟说出了如此富有哲理的话。

回到家，黑格尔忙打开日记，把老人的话用简洁的语言整理下来：“少年时，想吃不得吃；老时，有吃不想吃。”他想了想，又在这句话后面加了一段补充：“同一样东西可以给各个不同的人以各种不同的印象。”

几天以后，黑格尔又去樱桃园散步。他没想到，不到一星期的时间，樱桃园已是另一番景象了：到处是残枝败叶，满地是人们吐下的樱桃核，苍蝇和黄蜂正嗡嗡地飞舞。

孩子们早已不见了踪影。黑格尔猜想一定有几个吃疼了牙齿，正在家里捂着嘴叫；一定有几个吃坏了肠胃，正躺在床上闹肚子；还说不准有几个因为樱桃汁染脏了新衣服，而遭到了父母的打骂……

黑格尔晃晃头，无声地笑了。他双手插进裤袋，慢慢地往回走。

“任何好东西都有坏的时候，任何好东西都有坏的一面。”

一个新的哲理突然闪现在黑格尔的头脑里。

黑格尔觉得眼前一亮，精神也随之振奋起来。

他加快了脚步。

他要快些回到家里，把自己的新发现写在日记上……

少年黑格尔对各种事物的观察，显然已经有着反思的哲学意味了。他的辩证思想已开始萌发，他的思维不但远远超出同时代的同龄人，而且已经具有先哲们的最初形态了。

崇尚理性

随着思想的日渐深刻，少年黑格尔学而不厌的读书热情也日渐高涨。

他尤其喜欢读那些原本精装的严肃书籍。

他读柏拉图、亚里士多德、西塞罗和塔西陀等人的哲学著作，他醉心于索福克勒斯和欧里庇得斯的悲剧，还翻译过爱比克泰德和隆克司的作品。

他渴求探索，广泛涉猎，究其所以然。

他越来越崇尚理性。

一天，黑格尔突发奇想，设置了一个专门笔记本，开始对“各种对象的定义”加以记录。

笔记本中最初涉及的两个定义是“迷信”和“美”，然后就是关于“哲学”。

深入到人对最重要的真理的概念和认识的底蕴及内在性质。

这是少年黑格尔给哲学下的最初定义。他显然已把哲学理解为：

最为重要的真理和最为深刻的认识。

接着，他又对“变化”进行了理解：在可以属于一个事物的两个对立的规定中，一个规定不复现实存在，另一规定开始现实存在，这个事物就被称做变化了。

少年黑格尔的辩证思维在这里已经十分明显了。他把变化理解为事物固有规定性的由隐到显和由显到隐的过程。这表明黑格尔不把变化简单地理解为有和无的交替。

而他对“逻辑”的理解更是超群出众：思维法则的总体，从人类历史中抽象出来的。

少年黑格尔把“逻辑”看成是思维的普通规律，理解为历史的抽象，这不仅是很有道理的，而且可以说是很先进的。

1786年3月，黑格尔写了一篇名为“异议”的日记。

在日记中，他对同学中间流行的矫揉造作的拉丁语进行了抨击。

这种对拉丁语滥用的原因，在于人们从各种不同的作者那里搜集名言语录，而在采用时，又相互掺杂，既不深究它们的来历和本意，又不明了这些语录究竟出自历史学家还是演说家，是哲学家还是诗人。这样，就难免会把用修饰和夸张的表达方式，不适当地拿来扣在历史的对象上，结果就产生了浮夸的历史，浮夸的文风。

人们只看词句，而完全不顾其精神实质，完全不顾事实。一切都弄混乱了，演说家为了清晰，对照和引出证明而用以修饰主题的常用语，竟被安放在琐碎的材料之中。

少年黑格尔的这番议论，绝不可能出自平庸之辈的头脑。

年方16岁的黑格尔，已向人们显示：他要走一条崇尚理性、严谨治学的学者道路。

中学毕业

1787年，是黑格尔在文科中学的最后一年。

他即将中学毕业了。

在这一年里，黑格尔曾写过一篇重要的论文，题目是《论古诗人的若干特征》。

这篇文章得到了老师的赞赏，他给黑格尔的评语是："大有后望。"

没想到这却遭到了部分同学的嫉妒和嘲笑。

"大有后望？哈哈哈……"

"看不出来，看不出来！"

"就是，整天与《索菲游记·从默墨尔到萨克森》为伴的人，还能有什么后望啊！哈哈哈……"

原来，当时大多数学生都很热衷于当代人的文学作品，像《埃米里·加洛蒂》、《茨·玛·伯利欣根》、《先知拿卓》等当时较为有名的小说，常被人带在身边，谈论在嘴上，并似乎已成为一种时尚。

而与众不同的黑格尔对文学读物的选择，却仍然偏爱古希腊、古罗马人的作品，对当代的小说，除了《索菲游记·从默墨尔到萨克森》一部以外，其他的都不感兴趣。

《索菲游记·从默墨尔到萨克森》是一部市民小说。小说描写的是七年战争时的东普鲁士人的生活，文中有大段大段惩恶劝善的说教，同时不无清新气息和写实描述。很多人都认为这部小说的文学价值不高，可黑格尔却一度对这部小说着了迷。他无暇顾及别人的嘲笑，我行我素，执“迷”不悟。

黑格尔的执着精神和独立人格，再次得到了老师的欣赏。

老师把黑格尔早在一年前写的另一篇文章《论希腊人和罗马人的宗教》找来，读给同学们听，然后深情地说道：

“黑格尔表达的是他对古代理性主义的看法，他认为，希腊人的迷信是由于缺乏启蒙知识，而他们的长处则是在他们的纯朴，他们的思想不是来自于书本而是直接来自生活和自然。希腊人更关心的是发现真理，并为真理服务，而不是像现代人那样，只是为取悦读者——这些，都是多么深刻的见解啊！如果再让我给黑格尔写评语的话，我仍然是那句话：“大有后望!”

老师说着，带头鼓起掌来。

教室里马上就是一片雷鸣般的掌声。

转眼，黑格尔就临近毕业了。文科中学规定，毕业时每个学生都要做一次演讲，题目自选。

很多学生都犯愁选题和写演讲稿。

黑格尔担心的却是自己的口才。他一直不喜欢当众讲话。

他的演讲稿早就写好了，所选择的题目是《土耳其人统治下艺术与科学之衰落》。

演讲就要开始了。黑格尔不住地给自己打气：“勇敢些，别怕……”

他的眼前突然浮现出了母亲和勒夫勒尔老师那亲切慈祥的面庞。

黑格尔有了勇气和信心，他坚定地走到了演讲台前。

“……我们将会认识到自己的幸运，将珍惜天意，让我们出生在这样一个国邦，本邦君主深信教育之重要，深信科学用途之广泛，对此两方面优先予以关怀，从而赢得了荣誉，为自己树立了一个永垂不朽的、供后世景仰的纪念碑！”

成功，黑格尔的毕业演讲成功了！

他顺利地拿到了奖学金。他将进入图宾根神学院，开始他的大学生涯了。

青春岁月

圣诞节到了，黑格尔的同学在他的纪念册上画了幅漫画：黑格尔，驼着背，拄着拐。漫画旁边的题词是：“愿上帝保佑这位老夫子！”

老夫子

“亲爱的威廉，你已经中学毕业，你已经过了1987年17岁生日，成为一个青年啦，爸爸祝贺你！”

“谢谢爸爸！”

“但是我想知道，你是不是很愿意成为一名军官、医生或者律师呢，咱们斯图加特的卡尔高等学校就是专门培养这类人才的……”

“不，爸爸，我准备去图宾根，准备报考图宾根神学院。”

“哇，儿子，”爸爸乐了，“你是想成为一名优秀的牧师吗？爸爸非常同意你的想法，进入神学院能获得谋生之道，也能受到良好的教育……”

就这样，黑格尔凭借他的聪颖好学，顺利考取了图宾根神学院。他那双炯炯有神的大眼睛，显示着他的年轻、朝气和富有智慧。

一入学，黑格尔就把主要精力放在了学习上，除了课堂上认真听讲外，他业余时间照例是认真读书。神学院的各个学习科目，无论是哲学还是神学，他都取得“优”或“良”的成绩，唯独体育课成绩总是将及格。他特别对神学院开设的骑马和击剑等课目，没有一点兴趣。

“哈，驽马！”一天，在体育课上，一位同学大声嘲笑黑格尔，“你简直就是一匹驽马！”

黑格尔被激怒了。

“什么？你是说我很笨，就像一匹跑不快的马吗？”

“是呀，你呆头呆脑，老气横秋，弱不禁风，大家看看，说他是驽马，是不是都有些抬举他了？”

周围的同学发出一片哄笑。

黑格尔瞪起了他那双大眼睛，低声说：“好，我倒要和你比试比试，咱俩究竟谁是驽马！”

“你？和我比试？”那个同学不屑地说，“你不是在开玩笑吧？”

“开玩笑？”黑格尔的脸都涨红了，“我倒是要通过比试告诉你，我黑格尔不是不成，只是我不喜欢体育而已，我不是一匹驽马，也请你记住不要随便拿别人开玩笑！”

“那……好吧，你要和我比试什么！”

“击剑格斗！”

“好！”

于是，两个人击剑格斗起来。

几个回合过去，竟然没有分出高低。

那个同学擦着脸上的汗说："算了吧，我认输，我不该叫你驽马，行了吧？"

"不行！"黑格尔坚定地说，"我还要和你比试别的！"

"比试别的？那你……敢和我赌喝酒吗？"

"为什么不敢？"

于是，两个人又开始躲在宿舍里赌酒，直喝得天昏地暗，结果两人都烂醉如泥。

"不好，老师来检查了！"一个同学跑进来叫道。

在神学院醉酒是犯了院规，要受到惩罚的。室长忙带着几个同学把这一对醉鬼藏了起来，幸好没被老师发觉。

第二天，头脑昏昏的黑格尔和那位昏昏头脑的"酒友"终于和好了。

黑格尔低下了头。他感到很内疚，心想：失去理智是最危险的。醉酒说明自己自制能力差。

他痛下决心，增强控制力。从此以后，他一生再也没有醉酒。

圣诞节到了，黑格尔的那位"酒友"在他的纪念册上画了一幅漫画：黑格尔，驼着背，拄着两根拐。漫画旁边的题词是："愿上帝保佑这位老夫子！"

同学们围着黑格尔齐声欢叫："老夫子！老夫子！"

从此，同班同学就都亲切地称呼黑格尔"老夫子"。

也正是因为这位“老夫子”一向只重读书，不重体育，三年后他的毕业证书上，得到了这样的评语：

健康状况不佳
中等身材
不善辞令
沉默寡言
天赋高
判断力健全
记忆力强
文字通顺
作风正派
有时不太用功
体质一般
神学有成绩
虽然尝试讲道不无热情
但看来不是一名优秀的传教士
语言知识丰富
哲学上十分努力

栽下自由树

1789年，也就是黑格尔入神学院的1788年，爆发了震惊整个欧洲的法国大革命。

警报从法国传到了邻邦德国，各个阶层的进步人士都欣喜若狂，黑格尔所在的图宾根神学院出现了一个政治俱乐部。

这是一次光辉的日出。一切能思想的生物，都欣然地接受这一新时代的到来！

黑格尔满怀激情地迎接着这次革命风暴。他很快成为政治俱乐部的一名积极分子，他常常在会议上发表演说。他的演说充满了激情和吸引力，总是受到同学们的喝彩。

“快来看啊，这里有法国各派的最新报纸！”俱乐部的成员们不断传递着法国大革命进程中的最新消息。

“这里有卢梭的著作吗?”黑格尔挤进去，高声询问。

“有，有的，《爱弥尔》、《忏悔录》，还有《社会契约论》。”

“太好了！”黑格尔欣喜地接过卢梭的书，如饥似渴地钻研起来。

有很长一段时间，黑格尔几乎天天研读卢梭的著作，他想理解卢梭的学说与法国大革命的必然联系。因为卢梭是法国最著名的启蒙思想家、哲学家，法国大革命战争的政治宣言——《人权宣言》，就是以卢梭等人的政治学说为理论基础的。

一个春光明媚的早晨，黑格尔和政治面目俱乐部的几位朋友，扛着铁锹和树苗出发了。

他们要去栽下一棵自由树。

前进，法兰西祖国的男儿！
光荣的时刻已经来临。
专制暴政压迫着我们，
祖国大地在痛苦呻吟。
……
公民们武装起来，公民们决一死战！
前进！前进！
万众一心，把敌人消灭干净！

他们一路高唱着法国革命歌曲——《马赛曲》，来到图宾根近郊内加尔河岸的一块草地上。

天是那么蓝，草是那么青，小鸟在空中自由飞翔，河水在身旁欢快地流淌。

黑格尔和他的青年朋友们歌颂着自然，歌颂着平等，歌颂着自由，他们随着那年轻跳动的心，栽下了一棵自由树。

“诸位，我们今天栽种了这棵自由树，以此表示我们响应伟大的启蒙思想家卢梭的号召：回到大自然去！”

黑格尔站在自由树前，发表了热情洋溢的讲话。

“卢梭说过，经济的繁荣和科学的发达，并没有给人类带来幸福，而人类为这些成就付出的代价却是自由和道德的沦丧。但是卢梭和我们都相信，大多数无权无势的人，终将摆脱暴政并获得平等和自由！”

掌声响起，口号响起：

“反对暴君！”

“打倒坏蛋！”

“打倒暴政！”

“自由万岁！”

“卢梭万岁！”

三剑客

“喏，这是我的朋友，‘早熟的天才’弗里德里希·威廉·约瑟夫·谢林！”

“哇，这就是那位把法国《马赛曲》翻译成德文的谢林？”

俱乐部里沸腾起来。

黑格尔微笑着，轻轻挥动一下手臂，又把他的另一位朋友介绍给大家："这位是弗里德里希·荷尔德林——著名诗人，他的诗作充满了革命激情和浪漫主义色彩，想必大家早就拜读过他的诗作了吧？"

俱乐部里又是一阵热烈的沸腾。

黑格尔一手握着谢林，一手握着荷尔德林，然后两手高高举起来，激动地向大家宣布："我们是具有相同侠肝义胆的三个好朋友，我们现在同住一间宿舍，我们是'三剑客'！为了平等和自由，我们'三剑客'愿意永远和大家站在一起！"

一阵热烈的掌声。

一阵热烈的欢呼声。

一阵更热烈的沸腾。

俱乐部的活动结束后，黑格尔和他的两位朋友——谢林和荷尔德林，回到宿舍。他们还要密谈好长一段时间。他们一起密谈法国大革命的新动态，探讨德国未来的发展，畅想自己的志向和打算。

一天，"三剑客"从宿舍里出来，在街头散步，突然发现一个衣衫褴褛、满脸鲜血的人，他在图宾根的大街上慢腾腾地走着，步履艰难，几乎要迈不动步子了。

"走，过去看看。"黑格尔拉着两位朋友，走了过去。

"我是法国人……"那人有气无力地说，"我……我是从离这不远的罗登堡逃出来的……"

“罗登堡?”谢林突然想起什么似的说，“听说那里驻扎着你们法国保皇派的一个军团？你从那里逃出来……这么说你是个革命者啦?”

法国人点点头。他连说话的力气都没有了。

“奇迹，真是奇迹！”诗人荷尔德林感叹着，“能从那里跑出来，简直就是奇迹！”

黑格尔皱皱眉头，感到情况很危急：“如果罗登堡的追捕者追上来，可就不好办了。”

“是呀，这可怎么办呢?”谢林和荷尔德林也一时没了主意。

“事不宜迟，”黑格尔冷静地思考一下，说，“谢林，你赶快去向俱乐部主任说明情况，让他马上找一个安全的地方，让法国革命者藏身；荷尔德林，你和我马上把这位革命者搀扶到咱们宿舍。”

回到宿舍后，黑格尔马上召集政治俱乐部的众人募款，终于想办法把法国革命者送出了国境。

不料，法国革命者刚送走，俱乐部成员中就出了告密者，事情泄露了。

当局开始查究政治俱乐部成员。公爵专程到图宾根，亲自主办此案。

俱乐部主任和其他主要成员都赶快躲藏起来了。

“三剑客”却没有躲藏，因为他们不怕。

谢林首先被带到了公爵面前。

公爵瞪着双眼厉声问道：“你就是把那首强盗歌曲翻译成德文的作者吗?”

“我是神学院的学生，从来不知道什么强盗歌曲!”谢林冷冷地回答了一句。

一旁的黑格尔，暗暗为谢林的回答叫好。

“就是法国的造反派之歌——《马赛曲》，不是你翻译过来教给同学们唱的吗?”

谢林昂首不语。

公爵咆哮着让他承认。

谢林冷笑了一声，没有正面回答，只是说了一句：“欲加之罪，何患无词!”转身便走。

公爵目瞪口呆，说不出什么。因为他确实没有抓住什么把柄，这些大学生也并没有什么违犯法律的行为。

此事不了了之。

“三剑客”拥抱在一起，庆祝他们的胜利。

在幽静的伯尔尼

1793 年 9 月，23 岁的黑格尔从图宾根神学院毕业了。

他从图宾根回到了斯图加特的家里。因为身体状况不佳，他不可能马上去求职了。

“哥哥，你正好调养一段身体，”妹妹克丽丝汀娜劝他，“看着你瘦弱的样子，我们真是心疼。”

“不，我想尽快谋求生路，不能再拖累家里了。”

“不忙，过后，你可以去做牧师的。”父亲对他说。

“不，我讨厌教会，我不愿从事宗教工作。”

“那你……”

“我已经考虑好了，去瑞士寻找一份工作。”

“去瑞士?”

“是的，父亲，瑞士是卢梭的故乡，我想那里也许会有自由空间。”

一个月后，黑格尔经人介绍，到了瑞士伯尔尼，做了贵族施泰格尔家的家庭教师。

施太格尔有三个孩子：两个女孩子和一个男孩子。

三个孩子都不很大，教的东西就比较简单，这样，黑格尔就有了较多的时间和精力读书或写作。

主人家里有大量的藏书，可供黑格尔随意选读。

他多么珍惜这里的阅读和写作条件啊!

他要写的第一部著述是《人民宗教与基督教》。可是不久，他搁置下这部书稿，决定另写一部新作《耶稣传》。

在幽静的伯尔尼，黑格尔几乎把自己的业余时间全部花在了读书和写作上。他很少去从事社交活动和其他消遣。一个又一个的理性问题迫使黑格尔不断地进行思考、思考……

夏天到了。

几个都做家庭教师的伙伴，拉着黑格尔——这个“书呆子”，一起到阿尔卑斯山去旅游。

黑格尔站在终年积雪的崇山峻岭面前，无动于衷。

那几个兴奋得又喊又叫的伙伴，感到非常奇怪：“怎么啦，黑格尔，你这是怎么啦?”

“凝望这些永远死寂的大土堆，只能使我得到单调而又拖沓的印象，如此而已。”黑格尔低声说道。

三个伙伴面面相觑。

“黑格尔，你是不是，真的变成书呆子啦?”一个伙伴试探着问。

“不，”黑格尔郑重地说，“无论是我的眼睛还是我的想象力，都不能在这些奇形怪状的大土堆上找到什么可以赏心悦目的，或者可以消遣消遣的东西，就更不用说发现理性了……”

“那咱们去看瀑布吧……”

他们就又去看赖兴巴赫瀑布。

没想到，一站到瀑布前，黑格尔立刻就兴奋起来了。

“喂，你们看这瀑布多么壮观!”黑格尔对几个伙伴大声呼叫着说，“看上去瀑布只是同一景象，而实际上，它的每一刹那都是变化无穷的，让我们想起一位古希腊大哲学家的名言：人不能两次踏入同一条河，难道不是这样吗?”

黑格尔的兴奋，感动了他的几个伙伴，他们情不自禁地鼓起掌来，希望黑格尔的愉悦心情能多坚持一段时间。

“你们看，那浪花悠闲自在地坠落飞舞，颇有可爱之处。”黑格尔继续兴奋地说。

“是啊，是啊！”三个伙伴应和着。

可是，黑格尔却突然严肃起来了：“当人们看不出权势和大的力量的时候，就能远离强制的思想，远离自然的必然的思想；活生生的，永远消逝的分散的东西，不凝结成块的东西，永恒活动的东西，倒会产生自由运动的观念。”

三个伙伴一脸的迷惑，一时摸不着头脑。但他们知道，黑格尔正在他的哲学世界里遨游。

好友荷尔德林的不幸

“先生，您的信！”

“哇，是荷尔德林的来信吗？……噢，是他的是他的，太好了！”

在伯尔尼的日子里，黑格尔常常盼着好友荷尔德林的信。他把能时常收到荷尔德林的信当做一件极大的乐事。

灯光下，黑格尔静静地把荷尔德林的信打开。

亲爱的朋友，我毕业后和你一样，也没有去做牧师，而是

在故乡当了一名家庭教师。你知道，我热衷于诗歌的创作，而我的同乡中，就有一位闻名遐迩的诗人——席勒，我要荣幸地告诉你，席勒是那么赏识我的才华，认为我是一个很有潜力的青年诗人，在他自己主办的刊物上已经陆续发表了我的诗作，并给予我很多指导和帮助。啊，亲爱的朋友，我要用自己的诗歌去歌唱自由，歌唱人性，歌唱友谊，歌唱爱情，我要把真挚的爱情诗歌奉献给造物主！

荷尔德林的来信，总是那么热情洋溢。这给在异国他乡的黑格尔带来很大的安慰。同时黑格尔也把给荷尔德林写信当做一件十分愉快的事，一天，黑格尔为荷尔德林写去了一首感情真挚的长诗：

我的周围寂然无声，我的心中波澜不兴——
终日奔忙，不知疲倦的人们都已酣然入梦，
给我以自由和平静——
谢谢你，啊，我的解放者，啊，夜色！
朦胧的银白色月光，照射出远方群山的模糊轮廓，
那边湖水中粼粼的波光正在轻柔地闪烁。
白日单调的喧嚣使记忆显得遥远，
仿佛已有多年相隔。
我所挚爱着的你的形象，出现在我面前，
往日的欢乐已经逝去；

但很快又升起了愉快的希望，准备与你重逢。
我所描绘的情景——
久已渴望的热烈拥抱，
随后还有相互间的提问，
更亲密地彼此探寻，
对方的奥秘，看自己的朋友自分别以来
表情、风采和见解都有了哪些变化，
那是一种自信的狂喜：
古盟约的忠诚更加坚定和成熟，
那是不曾信誓旦旦的盟约。
……

荷尔德林很快给黑格尔回了信：

亲爱的朋友，收到你为我写的诗，我是多么的高兴啊！前年年底，我从故乡只身去了耶拿，因为那里住着诗人席勒和歌德，我本想在这两位大诗人身边专心从事写作，可是，诗作的稿酬毕竟难以维持生计，我又不得不继续从事家教。现在，我又到了法兰克福，在银行家贡塔德家中，做了他四个孩子的家庭教师。这里的工作环境好，待遇优厚，我已把你推荐给一个商人家庭，他家只有两个孩子，一个 9 岁，另一个 10 岁。我热切地盼望你——我亲爱的朋友黑格尔，也能来法兰克福，因为我无时不在想念着你，我已经无法忍受你不在我身边的孤独。

1797 年初，黑格尔从瑞士的伯乐尼回到了德国的法兰克福。

“哇，亲爱的黑格尔！”

“噢，亲爱的荷尔德林！”

两位老朋友久别重逢，拥抱在一起，都有说不出的高兴。

可是，他们俩并没有在一起待上多长时间，因为荷尔德林在感情方面出了麻烦。

“亲爱的朋友，我现在不得不告诉你，我已经爱上了贡塔德夫人，我已经不能自拔了。”

“贡塔德夫人？她不是你的学生的母亲吗？”黑格尔很惊讶。

“是的。可那又怎么样？她是那么的美丽、善良，她一人照料着四个孩子……可她的丈夫贡塔德呢，性情暴躁，一只眼睛失明，他白天出入交易所，晚上在夜总会消磨时光……”

“可是，你的这种感情发展下去是很危险的！”

“是的。现在我们的恋情已经暴露……”荷尔德林痛苦地低下头去，“我是那么爱贡塔德夫人，她也以热烈的爱回报了我，但我们现在，不得不忍痛分开。”

“今后该怎么办？”黑格尔关切地问。

“为了不给亲爱的贡塔德夫人带来更大的伤害，我必须出走，必须马上出走！”

“你要到哪里去？”

“法国巴黎，那里一直是我向往的地方。”

荷尔德林去了巴黎，可他的心仍在法兰克福。他一直无法割舍与贡塔德夫人的恋情，仍然与贡塔德夫人书信往来频繁。

黑格尔生气了。

他提起笔给荷尔德林写信。

亲爱的朋友荷尔德林：

在我看来，人的本质和人的价值在于有理性，有坚定的理性，不应该为感情所累。人不应该失去生活的信心，不应该失去对未来的向往。一旦失去了理性和信念的人，同一个人死了有什么两样？

还是让我送给你一首诗吧——

我仰望永恒的苍穹，

仰望着你，啊，黑夜中闪闪的星辰！

忘怀一切意愿，一切希望，

这都出自你的永恒。

我静观入神，

任何所谓我的东西，都无影无踪。

我献身于无限，我即在其中，我就是一切，我只不过是无穷。

循环的思想与此格格不入，它畏惧无限，它惊异，

它不能把握这静观的深义。

愿你赶快醒悟，愿我们共同投入到无限和永恒的探求真理的伟大事业中吧！

你的朋友　黑格尔

黑格尔的劝诫，并没有使荷尔德林醒悟，他已陷入情感的深潭，不能自拔。

两个老朋友之间的通信越来越少了。

不久后，与荷尔德林相恋的贡塔德夫人在忧郁中死去。正在法国的荷尔德林得到这个消息，精神受到重创。他徒步回国，沿途风餐露宿，异常劳累，终于精神错乱了。

“一颗耀眼的诗坛新星，就这么消隐在星空中了吗？”黑格尔震撼很大，“你才仅仅36岁呀！”

黑格尔几次打听荷尔德林的下落，却拒绝去看望他。“一个失去了理性和信念的人，就如同死去一样。我心中的荷尔德林，已经不在人世了。”

黑格尔很快就从荷尔德林不幸的阴影中走出来，他更加专注于他的哲学研究。他要以高昂的热情去探求生活的真谛，他要把探求真理当做自己的最高使命。

步入文化名城

1799年1月，黑格尔的父亲去世。黑格尔从法兰克福赶回斯图加特奔丧。

料理完父亲的丧事，黑格尔继续留在家中，料理父亲身后事，同时，他做着各项准备工作，酝酿着去耶拿大学任教。

耶拿是当时德国的文化名城。

黑格尔的另一位好朋友，“三剑客”之一——谢林，就在耶拿大学任教，他正在讲授自己的自然哲学和先验唯心主义哲学体系。

亲爱的谢林兄弟，我不能满足那开始于人类低级需要的科学教育，我必须攀登科学的高峰。我必须把青年时代的理想转变为反思的形式，也就是化为一个哲学体系。

黑格尔给谢林写信，表露自己的志向。

谢林积极向校方推荐黑格尔：

“他有从事哲学教育所不可缺少的思维能力；他有对康德哲学的初步研究的基础；他已经为自己计划好了一套哲学思路；他在20岁那年就已经获得了哲学硕士的学位；他已经有了登上大学讲坛的费用——父亲去世给他留下一份遗产，大约3000古尔盾。这笔钱虽然不多，但对登上耶拿大学的讲坛也是够用的了。总之，他已经具备来耶拿大学任教的条件。”

在当时，大学讲师的收入依照教学课时而定，所以每位讲师必须自备生活费用。黑格尔的父亲留下的3000古尔盾，也真的并不算少。

1801年元月，黑格尔来到了他向往已久的耶拿大学，他就要登上大学讲坛了。

"从此，我将结束我的家庭教师生涯；从此，我将进入我所热爱的哲学领域；从此，我将去努力开创我的哲学思想道路。"

黑格尔握住老友谢林的双手，表述着自己的激动和对未来的憧憬。

他真的没有辜负谢林的推荐，在登上大学讲台之前就首先写作并发表了一篇重要论文《费希特哲学体系与谢林哲学体系的差异》(简称《差异》)。

因为当时有学者向舆论界宣称：哲学领域的革命已经发生过了，谢林的新著中也不过是重复费希特的旧观点而已。

"这显然是一种误解！"黑格尔很气愤，"这倒不是因为谢林是我的朋友，而是通过这些年的读书和研究，我认为谢林哲学早已超过了费希特的哲学。"

在《差异》一文中，黑格尔提出了自己的新见解："只有主体和客体的统一，才真正具有现实的意义。"他完全站在谢林的客观唯心主义的立场上，着力批判了费希特的主观唯心主义。

《差异》一文的发表，立刻引起了耶拿大学的注意，人们开始把目光转向这个没有正式登上哲学讲坛的新教师。

黑格尔开始具体筹划他在耶拿大学的讲课事宜了。

谢林告诉黑格尔："在大学讲课，首先得办妥两项手续，一是学位证书获得承认；二是取得大学授课资格。"

办第一项手续并不麻烦。黑格尔交上了学位证书并缴付了

22 塔拉的费用，他在图宾根神学院授予的学位就得到了耶拿大学哲学院的承认。

可是办第二项手续，就不那么简单了。

要取得耶拿大学授课资格，申请人是否具有学者和教师能力，还得经过详细审核。

黑格尔递交了申请书：“我迫切地请求，能在冬季学期内开始讲课。”

然而事情并不像黑格尔希望的那样顺利。

哲学院士要求黑格尔在规定的几天内写出一篇答辩论文。时间实在过于紧迫了。

院方坚持严格按照通例办事：黑格尔必须写出完整的论文，并将论文印出若干份，分送给学院各成员，最后举行答辩。

时间一天天迫近了，要严格按照手续办事是根本来不及了。

这可急坏了黑格尔，也急坏了他的朋友谢林。

谢林为黑格尔多方请求宽限。幸好，哲学院的一位权威教授很欣赏黑格尔的《差异》一文，他提议，让黑格尔先提交一个论文提要，作为答辩的依据，至于完整的论文，可在过后再补上。

院方终于同意了这个提议。

一个星期后，黑格尔接受院方举行的授课资格答辩。

他答辩论文的题目是《论行星轨道一文临时提纲》。

穿着庄重的黑格尔，神采飞扬地走到了答辩台上。

主持答辩的，竟是黑格尔的好友谢林！

“我请求您，世上最聪明的、最可尊敬的谢林教授先生，把我的提纲中您所不同意的一切论点在这里公开指出来，因为这次答辩也可以说是一次向您请教的机会。不言而喻，能够得到您的支持，使我感到多么荣幸。不是同时代人，也不是朋友们，唯独后代，唯独科学（因为它是永恒的）才配评价您的精神的高贵力量，评价您的精神能力。我一直推崇您为一位真正的哲学家。”

黑格尔轻松自如地开始了他的答辩。

他那赋予批判性和革命性的哲学智慧和理论勇气，使在场的人都刮目相看。

那天出席答辩会的，还有耶拿大学校长和哲学院院长，这使黑格尔深感荣幸，也使他的答辩更富有激情和灵感。

当最后宣布黑格尔通过答辩时，全场掌声雷动。

黑格尔深深地向全场致意：“我万分感谢国王对科学的爱护，万分感谢耶拿大学和哲学院诸位领导对我的爱护，万分感谢今天所有出席人对我的论文所给予的莫大关心！”

主持人谢林走上台来，激动地向大家宣布：“今天是1801年8月27日，恰巧是黑格尔先生的31岁生日。这真是一个好征兆，我们的黑格尔可以登上讲坛讲课了，我们有理由相信耶拿大学将升起一颗更耀眼的哲学新星！”

答辩会场上，爆发出一片更热烈的掌声。

分道扬镳

31 岁的黑格尔能够成为耶拿大学哲学院的讲师，他当然非常感激好友谢林给他的多方面的帮助。

“在图宾根学院学习的时候，我就特别看重你这位比我小几岁的同窗，那时我们真是最好最好的朋友。”黑格尔常常和谢林坐在一起幸福地回忆大学时光。

“是呀，那时我们和荷尔德林是‘三剑客’么。”谢林爽快地说。

“你现在在哲学方面的学习和研究，要远远地领先于我，我还需要向你学习。”黑格尔认真而谦逊地说。

谢林笑了，说：“不，我们有着共同的客观唯心主义哲学方向——这也正是我们能够走到一起来的最重要的思想基础。”

“希望我们能有更多的合作机会。”

“愿我们的合作愉快!”

两位老朋友的手，紧紧地握在了一起。

不久，合作的机会就有了：两人打算共同创办一个新哲学杂志，宣传他们共同的哲学主张。

可出版商却想委托谢林和一位哲学家共同编撰这份杂志。

谢林坚决不同意这种指名安排。

“不，我要和黑格尔先生一起来主持这项工作，”谢林执意推荐黑格尔，“我选择黑格尔，不单是因为他是我的好友，更重要的原因是，只有黑格尔才能透彻地了解我的哲学的本义，我们有着共同的哲学方向，我们的合作会愉快的。”

这样，在谢林的积极努力下，出版商做出了让步，同意谢林和黑格尔共同编辑出版这份杂志。

杂志的名字早就想好了，叫《哲学评论杂志》。

“我们这份杂志的任务，就是遏制非哲学的糟粕。”谢林边在屋里踱着步，边思考着说。

“对，我们的杂志可以运用多种多样的武器，”坐在桌子旁的黑格尔赞同地说，“就是人们可以称之为棍棒和鞭子之类的东西。”

“而这一切做法，都是为了行善，为了尊崇上帝！”谢林手臂一挥，补充说。

于是，两人很快就投入到了准备工作中。

每天，黑格尔除了给学生讲哲学课程外，他把全部精力都放到了创办这份新的哲学杂志上。因为他和谢林不仅是新杂志的编辑，而且还是新杂志全部稿件的作者。

1802 年 1 月，《哲学评论杂志》第一期终于出版了。

这份新杂志很快就在耶拿大学内外，引起了广泛的关注。

但因为这期稿件发表的时候，没有明确地标明作者的姓名，所以读者很难分辨出哪一篇是谢林写的，哪一篇是黑格尔写的。

“哈哈，这样不正好说明我们有合作的思想基础，我们的合作是愉快的吗?”谢林快活地说。

“是呀，志同道合么!”黑格尔微笑着，那双大眼睛透着深邃和睿智的光芒。

可是，两个人的分歧还是很快就出现了。

这种分歧不是感情方面的因素引起的，而是由于思想观点的不同。

“我认为，精神活动的最高境界，是宗教，是宗教!”谢林急躁地在屋里踱着步，高声说着。

他和黑格尔的争论开始了。

“你不是曾经认为，精神活动的最高境界是艺术吗?”黑格尔声音不高不低地问。

“是的，我是曾经认为艺术是精神活动的最高境界，”谢林的声音低了下来，可以看出他在努力控制着自己的激动，“可我现在认为，只有宗教才是精神活动的最高境界。”

“不，我倒不这样认为，”黑格尔慢慢站起身，“我觉得精神活动的最高境界不是艺术，也不是宗教，而是理性——理性高于一切!”

谢林惊讶地看着面前的黑格尔——这个长期以来一直追随着他的夫子，仿佛一下子就变得陌生起来了。

黑格尔的脸上倒是一直挂着平和的微笑。但可以看出来，因为已开始形成自己的独立思想，并且终于把这种独立思想表达出来了，他的微笑中包含了一种少有的成熟和自豪。

《哲学评论杂志》第二卷第一期出版了。

黑格尔在这一期杂志上发表了《信仰与知识》一文，进一步表明了自己的观点：知识先于信仰，科学理性优于宗教，理性高于一切。

黑格尔的这篇文章是对康德和费希特哲学的公开宣战，也表明他和谢林分歧的公开化。

两个人越来越不能容忍对方的观点了。

“哲学作为理性的科学，由于其存在的普遍性，”黑格尔坐在谢林的对面，慢条斯理地阐述自己的观点，“更由于其本质的普遍性，是为一切人所有的。”

“不!”谢林坚持着自己的观点，“真理并不是人人都可以发现和掌握的东西，只有少数具有精神天赋的人才能掌握真理!”

“你这种观点具有浓厚的精神贵族气味”。黑格尔反驳说。

“是的，”谢林激动地站了起来，“我宁肯做精神贵族也不肯做你那种平民分子，我的座右铭就是：我憎恨无知的人群，同他们离得远远的。”

谢林说完，气恼地转身而去。

不久，《哲学评论杂志》又发表了黑格尔的一篇关于自然法的文章。文章的标题很长：《论自然法的科学处理方式，自然法在实践哲学中的地位及其与实证法学的关系》。

在这篇文章中，黑格尔更加突出地阐明了自己在国家观点上与谢林的分歧，并第一次阐明了自己的伦理观念：伦理就是纯粹的民族精神。

谢林最先看到了黑格尔的这篇文章，看到了许多令他不寒而栗的观点："国家是一个道德机体，而战争可以用来促进这个机体的健康。就像刮风会使海洋不至于腐臭一样，长期的静止却使海洋腐败发臭……"

"我与黑格尔的思想差距，越来越大了，"谢林无奈地摇着头，"他的批判锋芒已直指向我，看来我们两位老朋友的分道扬镳，已成定局。"

1803 年 5 月，《哲学评论杂志》出到第六期，便停刊了。

谢林离开耶拿大学，到维尔茨堡去任教。

对于谢林的离去，黑格尔在感情上自然是难割难舍的。但他更不肯放弃自己在理性上的观点和追求。

他继续留在了耶拿大学，继续从事他的哲学研究。

"我要用一个更为科学、更为理性、更为深刻的体系来重新解释一切!"黑格尔面对东方升起的那一轮朝阳，信心十足地说，"我要用创新的精神，建立一个新的哲学体系。"

精神的漫游

黑格尔弓着背坐在讲台上，就像坐在家里的书桌旁一样。

他时不时地翻翻笔记本，找到所要讲的段落，有时吸吸鼻烟，咳嗽几声。

他的声音是低沉的，总是费力地斟酌着词句。使人感到奇怪的是，越是简单的事物，他讲得越是费劲，好像简单地问题更不好讲似的。

突然，他完全变了样子，眼神开始发亮，声音也大了起来，时不时地打着手势，脸上的表情变化也很丰富。原来是进入了复杂的问题，进入了他的思维状态。他已经完全忘记了自己的存在，当然也忘记了学生们的存在。他把自己引入到一个概念的世界，并在那个世界里漫游。

下课了，学生们聚在一起，议论他们的教师黑格尔：

“你看他那双大眼闪烁不定，可以看出他是一个很内向的思想家。”

“可是，这种眼光使人望而生畏，即使不把人吓退，也让人避而远之。”

“可他说话倒是和气友善的样子，看起来倒使人愿意同他接近。”

“他的微笑挺有意思，好像总夹杂着些锋利、尖刻、讽刺的味道……”

“不过这也许正好表明他有深邃的内在世界。”

“就是嘛，这种微笑可比做穿透重重云雾、照亮黑暗环境的一缕阳光啦！”

“哈哈哈……”

第一次开课的那个学期，报名听黑格尔讲课的学生只有11

名。后来，听黑格尔讲课的学生多起来，虽然学生人数最多也没超过30名，可这些学生对黑格尔十分崇拜，简直是奉若神明。在他们眼中，黑格尔代表着最高的本体，是位圣人。

一天，一位学生要去维尔茨堡。

黑格尔告诉他说："我有一个朋友就在维尔茨堡。"

"朋友？朋友一词究竟是什么意思呢？"学生提出疑问，"教师所说的朋友含义是不是通常人们所了解的含义呢？"

黑格尔对这位学生的提问，也觉得很吃惊。他知道他的学生还不能完全理解他的哲学。但他还是微笑着告诉他的学生："我的这位朋友叫谢林，也就是以前在咱们耶拿大学的谢林教授。但是他现在已经去了维尔茨堡了。我们曾是最好的朋友，我在哲学方面还曾是他的追随者……"黑格尔说着，就陷入了沉思。

可那位学生对黑格尔的回答显然不十分满意，他又追问了一句："教师所说的朋友，如果不能按通常的含义理解，又该如何理解呢？"

这回，回答学生的是一声山响的喷嚏和一阵急促的咳嗽声。

黑格尔已经吸上了鼻烟。

这位学生终于不得其解，但他仔细回味着黑格尔的话，仿佛觉得那里面又有无限的奥妙。他毕恭毕敬地退了出去。

黑格尔微闭上那双有点疲惫的大眼睛，异常超脱与宁静地陷入沉思，又开始了他的精神漫游……

突然，大木钟的敲点声响了起来。

“该上课了。”黑格尔自语了一句，站起身提起笔记本就往教室走。

走进教室的黑格尔，仍在沉思中。

有个学生站起来提醒他：“老师，这堂好像不是您的课。”

黑格尔根本就没有理会。他登上讲台，打开笔记本，开始侃侃而谈。

这时，另一名教授也来上课了。他走到教室门口，听到的是黑格尔的讲课声，“怎么搞的，我迟到了一个小时？”他以为是自己弄错了，于是赶快退了回去。

一小时后，下课铃声响了起来，黑格尔一抬头，才发觉课堂里的听众根本不是他的学生，他整整提前了一堂课。

这时，他的学生们也都匆匆赶来了，他们一看到这种情形，马上明白了是怎么回事，他们都笑着围住黑格尔，希望得到一种解释。

黑格尔笑了笑，以他那种特有的学究方式回答他的学生：

“诸位，感官究竟是否真可靠，首先取决于自身的意识经验。我们一直以为感官是可靠的，本人在一小时前却对此有了一次特别的经验。”

他的学生们自豪而炫耀地为自己的老师鼓起掌来。

可黑格尔嘴角的微笑，却刹那间就消失了。他弓着背、低着头，缓步向教室外走去。

他很快就又回到了他的精神世界里……

《精神现象学》

时间过得真快。一晃，黑格尔已经来耶拿大学5个年头了。

一些人在背地里议论：黑格尔除了头两年在《哲学评论杂志》上发表的几篇文章之外，好像没再写出什么像样的东西，也不过如此嘛。

其实，黑格尔在给学生讲课之余，一直进行着写作，并且正在撰写一部伟大的哲学著作：《精神现象学》。

他只不过不喜欢张扬而已。

在写作过程中，他常常处于高度兴奋状态。他知道自己这部著作的价值。他一边写作，一边联系出版商。

1806年2月，班堡的出版商开始排印《精神现象学》了。

而这时候，该书实际上还没有写完。

成名成家

当黑格尔还整理《精神现象学》最后一章的时候，一伙满身尘土的法国士兵裹着一股风撞开了他的屋门。黑格尔镇定地从椅子上站起来，缓步走上前去……

黑格尔不愿草率从事。每个段落都要认真思考，写作速度跟不上排印速度。这样，出版商就不付给黑格尔原来约定的稿费。可是黑格尔又需要这笔稿费来维持生活。双方争执不下，出版出现了危机。

好在这时黑格尔的好友尼特哈默尔出面帮忙，他说服出版商先付部分稿费，出版商则要求：黑格尔必须在 10 月 18 日全部交稿，如果交不出来，尼特哈默尔就必须用钱买下已经排印的部分。尼特哈默尔答应下来。

于是，出版商先付黑格尔 144 古尔盾，这是全部稿酬的一半，由尼特哈默尔寄给黑格尔。

尼特哈默尔在信中一再提醒黑格尔：要把邮件在路上耽搁的 5 天时间打进去，稿子必须在 10 月 13 日由耶拿寄出。他又不厌其烦地告诉黑格尔：“您寄出最后一批稿件的时候，一定要向邮局索取一张详细收据，防备出版商找麻烦。如果到那时还没有把稿件全部写完，那您只有亲自带原稿来，在这里一面看校样，一面继续修改原稿。除此之外，别无它法，我劝您还是来吧，这里比耶拿那边要安静得多。”

黑格尔在尼特哈默尔的劝告下，只好不再多想，赶紧埋头写作。此时普法战争正处在一触即发的危急时刻，黑格尔不敢再耽搁下去，他夜以继日地赶写后半部分书稿。

10 月 8 日，他寄出了一大部分书稿。

10 月 9 日，普法战争就爆发了。稿件已经寄出，但战争开始了，稿子的命运到底如何呢？黑格尔焦急不安。

战争很快就有了分晓。普鲁士军队节节败退，而拿破仑的法国军队则长驱直入，很快就占领了耶拿。

这天早晨，当黑格尔还在整理《精神现象学》最后一章节的时候，一伙满身尘土的法国士兵裹着一股风撞开了他的屋门。

黑格尔镇定地从椅子上站起来，缓步走上前去，用法语对一个胸前佩戴荣誉勋章的士兵说："我希望荣获过勋章的勇士，能尊重我这样一位手无寸铁的普通学者。"

他的话果然起了一些作用，法国士兵退出了学者的书房。黑格尔拿出好酒好茶招待了这拨法国人。但好景不长，这拨酒足饭饱的法国人刚走，另一伙法国士兵又来了，又是要吃要喝，一通折腾。

黑格尔感到苦不堪言，赶紧收拾东西，把书稿小心翼翼地藏进衣袋，逃离了住所。

他先是到一位大学副校长家里落脚，随后又随副校长全家一起到王室代表的家中避难。稍稍安顿下来后，黑格尔借着炉灶的那点光亮，把幸免于难的书稿整理出来，并写完了最后几页。

当写完最后一个字母的时候，黑格尔轻松地吐了口气。这时候，也只有这时候，他才真正感到了一种从未有过的轻松愉快。

他的第一部大著作终于脱稿了！

黑格尔的这部著作是在隆隆的炮声中脱稿的，他并没有在意法国人的入侵给他个人所带来的纷扰和不安，战乱也没有中断这位哲学家理性思维的脉络。他甚至把普法战争和法国统帅拿破仑皇帝都纳入了他的逻辑思维范畴。他在给好友尼特哈默尔的信中，兴高采烈地写道："我看见拿破仑皇帝——这个世界精神——在巡视全城。这位伟大人物，骑着马，驰骋全世界，主宰全世界……"

黑格尔把拿破仑称为"马背上的世界精神"，称为"支配和驾驭着世界"的实体，这里既有对拿破仑的崇拜，又暗喻了另一层意思：拿破仑是马背上的世界精神，那么，另一世界精神由谁来统率呢？在黑格尔看来是不言而喻的，他坚信自己在精神上的绝对地位。

可兴奋之后，黑格尔才开始担心书稿的事儿，寄出的稿子是否全部收到？刚写完的最后一章什么时候能够寄出？因为战争，邮局直到 10 月 20 日才恢复正常营业，这显然意味着合同无法履行。

当他回到自己家里的时候，发现家已被抢劫一空，连一件衬衣，一张白纸都找不到。他真是变得一贫如洗了。

好消息却终于从班堡传出来了，书商收到了黑格尔的全部书稿，他可以拿到稿费了。1807 年 3 月，《精神现象学》正式出版。他向全世界显示：黑格尔是那个时代最伟大的哲学家，他已经超过了康德和费希特，也远远超越了谢林。

忘年交

《精神现象学》的出版，确实遭遇了重重困难，特别是法军的侵入，使黑格尔变得一贫如洗。很多朋友都给了黑格尔一些力所能及的资助，这其中就有当时著名的诗人、剧作家、魏玛宫廷大臣——歌德。

其实早在几年前，黑格尔就曾拜见过比他大21岁的歌德，并给歌德留下了很好的印象。

1804年黑格尔给歌德写去了第一封信，因为在耶拿大学，黑格尔并没有受到应有的重视，学校倒是很重视比黑格尔来得晚的讲师弗里斯，并正为弗里斯向魏玛宫廷申请教授头衔。

于是，黑格尔写信给歌德，请求帮助：

大人阁下：

请允许我满怀至诚地向您提出一个卑微的请求，我之所以敢于提出这样的请求，不但由于我期望这对我活动能力的发挥有所裨益，同时也由于我深信，凡对大学利益攸关的事物，都可期待阁下惠予关注。

据闻，我的某同事将蒙恩授予哲学教授衔，这使我想到，

我这个耶拿大学最老的编外讲师，冒昧向阁下乞请关怀，如若最高当局把这一荣誉赐予他人，我在大学的力量发挥和所起的作用，是否受到限制?

我们大家，在遇到对大学及其所属机构有益的事，总是瞩望于阁下。所以，当此最高当局决定任命新的教授的时刻，我敢于向阁下提出请求，望能蒙到您的恩惠和推荐……

请允许我向阁下致以最高尊敬与忠诚。

耶拿大学哲学编外讲师

黑格尔

黑格尔的这封信果然起了作用。歌德亲自出面干预并帮忙，结果，弗里斯和黑格尔都当上了教授。黑格尔当上了教授，可想不到那只是一个空头衔，并没有薪俸。

于是，他便设法在海得堡谋职，并向柏林方面探寻门路，因为这两个地方都将建立大学。

“总能得到一张聘书吧?”黑格尔想。

结果，弗里斯被邀去海得堡；柏林大学的教席留给了另一位教授。

歌德知道了黑格尔的情况，又想办法为他争取到了100塔拉的年俸，并给他写了一封短信。

我亲爱的教授先生：

收入虽然不多，但您至少可以把它看做是我暗中在不停地为您设法的证明。我本来想多争取一点，但这只能等待来日，这只不过是开了一个头。我本人生活很好，希望再见到您的时候，您是健康快乐的。

歌德

在耶拿，一个俭朴的大学生为了维持生活，一年大约也要花上200塔拉左右。但黑格尔也已经很满足了，因为他知道这代表着歌德对自己的关爱，更表明了两个人之间的深厚友谊。

直到多年以后，黑格尔对这位他所敬仰的前辈都是毕恭毕敬的，通信中一直以“大人阁下”相称。

歌德对黑格尔也是既爱怜又尊重的。

不久，一位画家要画德国文艺界、学术界著名人物的像，要从歌德开始。

歌德却说：“荣誉应该给予那些应该享受荣誉的人，你从黑格尔开始吧。”

黑格尔和歌德真算得上是一对肝胆相照的“忘年交”。

这两位德国文化巨匠的友谊，一直保持到他们生命的最后阶段。

受　挫

初春三月的一天早晨，黑格尔告别了耶拿。

一辆邮件车把他载向了班堡。他要到那里的一家报社当编辑。

是什么促使这个刚获得教授头衔不久的哲学家，离开这座大学城，放弃他梦寐以求的教学生涯呢？

原来，父亲的遗产花光了，个人的财产被法国人抢走了，歌德为他弄到的100塔拉的年俸也难以维持生计了。而《班堡报》的老板却答应以报纸赢利的一半作为报酬来聘请他。

《班堡报》是由一位法国侨民创办的，发行已有十多年了。法国军队占领班堡后，这位侨民投笔从戎，报纸转给了一位当地人去办。这位新老板对办报一窍不通，结果把报纸办得一塌糊涂。

又是黑格尔的朋友尼特哈默尔，为他联系到这份差使。他一直希望黑格尔从政，并觉得这是一次难得的机会。

黑格尔也跃跃欲试，他写信给尼特哈默尔说：

从政应该算是哲学家的一种天职。旧的制度正在被摧毁，而新的时代已露出了曙光，因此，哲学家有责任投身于社会实践，促进历史进程的加速发展。做新闻工作，有左右舆论的权力，可以对政治品头论足，可以指点江山激扬文字，何等潇洒！

于是，黑格尔满怀激情地离开耶拿，来到班堡。

黑格尔绝没有想到，作为一个报社的编辑并非易事，残酷的现实给刚从书斋里出来的黑格尔迎头一击。

法国人占领德国以后，政府对新闻的检查极为严格。有的报纸被查封，还有的编辑也被捕入狱。并且黑格尔很快就发现，报纸工作要比他想象的无聊得多，根本不可能传递新鲜的思想，更无法展现某种精神的理念，除了奇闻轶事之外，报纸根本就什么也不关心。那种陈芝麻烂谷子的报道越来越使黑格尔无法忍受。

就在这年夏天，出现了一个尴尬的局面。

7月份《班堡报》上发表了一则军事消息。这消息的内容本来谁都知道，其他报刊也报道过。尽管这样，当局仍然责令黑格尔交出向编辑部泄漏“军事秘密情报”的军官的名字。

任何辩解都无济于事，官司没完没了。黑格尔不得不出席公开的法庭审讯，不得不草拟申诉书，同时还不得不好言宽慰不知所措的报纸老板。

他简直被逼疯了。

“我真想马上逃脱办报的苦差。”黑格尔给好友尼特哈默尔写信诉说苦衷。

尼特哈默尔很快回信告诉黑格尔，正在帮他联系到纽伦堡去，担任一个文科中学的校长。

但就在这时，又发生了一件倒霉的事情。

从首府慕尼黑发来了一份火急公文，官方对《班堡报》10月26日发表的一篇通讯极为不满。

黑格尔被传到王室总监那里，受到了训斥。

这使黑格尔伤透了脑筋，因为他不明白到底是哪一点使官方大发雷霆。

黑格尔自己又重新检查了那篇通讯，不过，他还是看不出来有什么地方触犯了当局。况且，印出来的那些材料基本上也是从其他报纸转载过来的，这就更使黑格尔弄不清缘由。

他只好写了一份申辩书，一方面说清真相，另一方面也为自己辩解。

但他的申辩书并没有起到什么作用。当局发出了命令，以妨害“政局”为理由，宣布《班堡报》被查封。

妨害了什么“政局”呢？原来，那篇通讯中有一段文字使上面的一个官员十分不满，因为它报道了国王的赠品，特别还涉及了女士们的赠品，于是他大笔一挥，《班堡报》就被砍掉了。

一向规规矩矩的黑格尔，这回无疑又遭受了当头一棒。他辗转反侧，夜不能寐。

《班堡报》的出路在哪里？自己的出路又在哪里？难道一

年多的心血就这么毁于一旦？难道从政的道路就这么艰难？

恰在这时，好友尼特哈默尔传来了佳音：黑格尔被任命为纽伦堡文科学校校长。

重任在肩，自然不能延误。黑格尔赶快卷起铺盖启程，离开了度过风风雨雨21个月的班堡，奔赴纽伦堡。

他觉得前方也许正是阳光灿烂，大道宽阔。

中学校长

纽伦堡的迪林广场旁边，紧挨着庇护神教堂，有一幢三层楼房，这里是早些年创建的文科中学。

1808年12月5日，重建的文科中学在这里举行了隆重的开学典礼。新上任的黑格尔登上讲台，发表了就职演说。

这是一个阳光明媚的日子，学校内洋溢着一派喜气洋洋、欣欣向荣的景象。

黑格尔很满意自己领导了一所古典文科中学，尽管教育的对象还是一些不懂事的孩子。

他高兴地给好友尼特哈默尔写信说："总算摆脱了工艺学、经济学，抓蝴蝶等琐事了。"那些琐事让黑格尔心烦。现在，他又有机会去面对古代文化了。

“我深信，古希腊文化是人文主义教育的基础，是精神、艺术以及美的发源地。人们必须从小就接受那样一种文化熏陶。否则，人们就很难欣赏那些美的事物。谁不通晓古代创作，谁就白活一辈子，不知美为何物。”

在不久后的一次大型会议上，校长黑格尔强调了他对古典文化的重视。那是一次具有全城性质的大会，参加者不但有文科中学的学生，还有他们的家长和亲属。学校租下了一个大厅，并把它装饰得焕然一新。在环绕着柠檬树的大讲坛中间，是“祖国祭台”，上面竖立着国王的半身像。大会在高年级学生的朗诵声中开始，黑格尔校长随后讲话。接着合唱队唱起了爱国歌曲。掌声和欢呼声在会场上空久久回荡。

人们对黑格尔不仅表示了欢迎，更表示了信任。

黑格尔果然没有辜负大家的期望。他很快就赢得了师生们的拥戴和喜欢。

一天，黑格尔发现一个青年教师正在训斥并惩罚一个犯了错误的学生，他有点生气了。因为他一向尊重和热爱学生，从不像一些中学校长那样盛气凌人，甚至从来不呵斥学生。

他把那位教师找到一边，严肃地说：“学校是应该有规章制度的。学生们违犯了制度，应该受到处罚。但就教师的地位来说，是既不同于法官，也不同于民众的。教师既不能以惩罚为目的，也不能对学生的过错耿耿于怀，不应当把注意力长久地集中在一些小过失上。对学生们的小过失，只要委婉地提醒一下就够了。更重要的事情，是要培养学生的自信力量和荣誉感，使他们具有良好的心理素质。”

一席话，说得那位教师心悦诚服。他不住地点头说：“是，校长，我懂了，我懂了！”黑格尔不仅要求别的教师尊重学生，他自己更是以身作则。他对毕业班的学生从不随随便便地称名道姓，而总是以“您”和“先生”相称。

他还经常替其他教师上课，而他那渊博的知识又总是使学生们惊叹不已。他可以熟练地讲授古典文学、拉丁文、希腊文以至高等数学。

“好，我们先来复习一下上节课的内容。”

黑格尔讲课总是从前面讲过的课开始。他随便叫到一个学生，让他扼要地复述一下上节课的内容。

“好，复述得很好，请坐下，下面咱们开始讲新课。”

黑格尔一边口述新课的章节，一边加以解释，学生们用自己的语言记下来。

“好，下面大家就高声朗读自己的笔记。”黑格尔说着，就从讲台上走下来。他弓着背，双手背到身后，一边侧耳检查学生们的理解情况，一边准备回答学生的提问。他的学生随时可以向他提出问题，有了问题，他总是耐心地伏在桌边，细致地加以解答。

后来。黑格尔又在三个高年级班开设了哲学课，最初讲授国家、道德和宗教，接着他让学生研究心理学和逻辑学，并且把自然哲学和精神学作了一个概括的介绍。他的这些讲稿，在他逝世后以《哲学初步》为题出版了。

在纽伦堡文科中学担任校长期间，黑格尔的日子过得很平静。他尽职尽责、宽容大度地管理着一所学校，那所学校可以称得上是一所模范中学。

结　婚

一晃，黑格尔已经是个40岁的男子了。他感到需要建立一个家庭了。

他给好友尼特哈默尔写信，表达了这样一种愿望，并希望尼特哈默尔的夫人能为他物色一个生活伴侣，“因为这件事情，我不能信托其他任何人，尤其不能信托我自己。”

但这种事情最终还是要靠黑格尔自己来完成的。他终于在纽伦堡遇到了自己的意中人。

意中人的名字叫玛丽·冯·图赫尔，简称玛丽，年纪20岁，出生于纽伦堡的一个世家。4月的一天，黑格尔向她求婚，竟然得到了她的首肯。黑格尔欣喜若狂，仿佛自己也一下子年轻了20岁。

但事情并不是很顺利的。

他们的婚事遭到了玛丽父母的反对。

因为黑格尔的收入太低，常常几个月领不到薪饷，这就无法保障他们婚后的正常生活。还有一个理由，就是玛丽父母觉得黑格尔作为中学校长前途无望。他们想把女儿嫁给一位大学教授，即使不能飞黄腾达，但也不至于受苦。

黑格尔把这件事情告诉了好友尼特哈默尔。

还是尼特哈默尔有办法。当初黑格尔的《精神现象学》的出版，后来从耶拿转到班堡办报，以及现在得到的纽伦堡义科中学校长的职位，都多亏了这位好朋友的帮助。这次尼特哈默尔给黑格尔想的办法是——他给黑格尔写了一封信，并且让他把这封信给玛丽全家看。

尼特哈默尔在信中告诉黑格尔：他已经为黑格尔在埃尔兰根大学谋到了一个教授位置，这件事情，基本上已成了定局，只要等到新学年开始黑格尔就能上任。

尼特哈默尔在信中还交代说，黑格尔应该尽快结婚。因为黑格尔作为一名政府官员，必须要从国王陛下那里领取结婚证书。而作为中学校长的身份领取结婚证书更为合适。因为这涉及抚恤金问题，埃尔兰根大学刚建立不久，那儿的抚恤金还没有最后定下来。因此，应该让黑格尔以目前的身份结婚，这样，抚恤金也就有了保障。

尼特哈默尔的信果然起了作用。因为尼特哈默尔当时是主管教育的高官，他的信还是令人信服的。

玛丽的父母最终同意会见黑格尔，并把黑格尔向玛丽的祖父作了引见。这也就意味着，把他们的婚约公之于众了。

黑格尔开玩笑地说："看来任何事情都不是一蹴而就的，如果你想买一匹骏马，开始往往只能搞到一包马鬃……"

但不管怎样，在正式宣布订婚之前，人们还是开始把黑格尔校长和玛丽看做未婚夫妇了。

这对未婚夫妇也开始筹划他们的未来，大学教授的事不言而喻地占据着他们的梦想。

黑格尔幽默地对未婚妇玛丽说："看，我们犹如夫妇一般，谈论了许多关于埃尔兰根大学的事，我们的婚姻和埃尔兰根已经合二为一了。"

仲夏时分，家庭内外有关婚事的一切障碍都一扫而光。黑格尔向国王陛下呈递了结婚申请书，也在两周后得到了批准。

但黑格尔心里还有一种担心：已经连续 5 个月，他都没领到一分薪金，举行婚礼未免感到拮据。

玛丽是个聪明懂事的姑娘。她已经开始以敬爱的目光注视自己的未婚丈夫了："你的才智如此横溢，你的知识如此渊博，你的阅历是那么的丰富，经济拮据一点算得了什么？"

在婚礼的前一天，玛丽拉着黑格尔来到野外。他们俩各挎一个大篮子，在野外采了两大篮子鲜花。他们用鲜花装饰了新房和客厅。

第二天，婚礼就在他们亲手采摘的鲜花丛中举行了。宾客们对这种既高雅又朴素的婚礼赞叹不已。

辛苦辗转了半辈子的哲学家黑格尔，现在终于感受到了幸福。他在给好友尼特哈默尔的信中，喜不自禁地说："我终于完全实现了我的尘世宿愿。一有公职，二有爱妻，人生在世，夫复何求。”

兄妹情谊

黑格尔结婚了，最高兴的就是他的妹妹克丽丝汀娜。因为母亲在黑格尔 11 岁的时候去世了，而父亲又十分严厉。他期望儿子成为牧师，而儿子却对哲学情有独钟，因此，父子俩经常为此争吵。黑格尔只有在父亲去世后，才得以真正按自己意愿做事，去耶拿大学做了一名哲学讲师。

而在这期间，妹妹克丽丝汀娜一直是他的密友和知己。

“哥哥，你就按你自己的想法去努力吧，我支持你！”克丽丝汀娜经常鼓励黑格尔。

这使黑格尔非常感动。他总是把心里话跟妹妹说，并和她一起探讨读书和写作的事。

在黑格尔的影响下，妹妹也有了读书做摘记的习惯。她还写过训诫书，创作了不少感人的诗歌。

当然，黑格尔总是妹妹的第一个读者。

“嗯，很不错。我的妹妹已经成为一个著名诗人啦！”黑格尔一边读着妹妹的诗作，一边笑着说。

“哥哥又在拿我开玩笑啦!”妹妹嗔怪道，红扑扑的脸上却洋溢着喜悦和自豪。

克丽丝汀娜崇拜哥哥，当然也了解哥哥的弱点。她总是尽力地照料黑格尔的日常生活。可是，她一直做家庭教师，没有太多时间和过多精力去关照总是埋头钻研哲学的黑格尔。她多么盼望哥哥快点找一位终身伴侣呀！她甚至在心里无数次地描绘未来嫂嫂的样子：

“既年轻又漂亮，既贤惠又能干，不是职业妇女，可以很好地照料哥哥的日常生活……”

现在，哥哥终于和一位年轻美貌的姑娘结婚了，她当然欣喜若狂。

“太好了，太好了，哥哥嫂嫂，我衷心祝福你们生活美满，爱情甜蜜!”她高兴得手舞足蹈。

可当她忙里忙外地为哥哥的婚事操劳完之后，突然觉得自己成了一个多余的人。她深深感到失去了兄长的无私友情。

巨大的失落感，使克丽丝汀娜离开了哥哥家。

不久，她患上了忧郁症，有时甚至达到精神错乱的地步。

几年后，她不幸自溺而死。

黑格尔一直很钟爱自己的妹妹。对于妹妹的不幸，他十分伤感。

“兄妹友谊比其他任何友谊都更合乎道德。因为兄妹二人都是真正独立的个人，在相互关系中是真正无私的。”

黑格尔用格言式的语言，表达他对妹妹的深深怀念。

婚后生活

黑格尔婚后的头几年，生活是比较贫困的。但他在家里十分讲究节制。

他亲自主持家政。尽管常常为柴米油盐分心，但这并没有使他烦恼过。

他还立了一本家账，所有的开销都登在账上。

月底结账时，账面的结存和手头剩下的现金往往正好相符。

“亲爱的，你可真是太精明了！”

他的夫人不禁感叹道。

黑格尔笑了。“穷日子就不能富过，”他说，“要节制就不能讲究体面，你说呢，夫人？”

夫人也笑了，很钦佩地望着黑格尔说：“亲爱的，你不愧为哲学家，连日常生活琐事也能讲出大道理来。”

“哪里哪里，”黑格尔谦逊地摇摇头，“为了生活，为了你和我的幸福长久，我哪怕变成市侩也不在乎！”

“亲爱的，你真是一个了不起的男人！”

“事情总是发展和变化的，我们的贫困也只能是暂时的，”

黑格尔意味深长地说，“我相信，只要我们相亲相爱、同心协力，生活一定会越来越好的！”

夫人信服地点点头：“我相信，我愿意永远与你同甘共苦，愿我们永远相爱，好么？”……

生活的贫困和家务的繁杂，并没有妨碍黑格尔的工作。

他完全摆脱外界的干扰，沉浸在一种宁静的精神追求之中。他默默写作，一如既往地致力于哲学研究，不到半年时间，他的《逻辑学》第一卷就完成了。

“实在是非同小可，”黑格尔自己也十分震惊，他对夫人自豪地说，“婚后半年，我就写出了一本 30 印张内容深奥的书，你说，这是不是新婚的甜蜜生活，给我的力量啊？”

“亲爱的，我很愿意相信事实就是这样的，但我更愿意相信你是个了不起的男人。我真的不知道，应该怎么祝贺你！”夫人虽然不能理解《逻辑学》是一本什么样的书，但她很愿意分享丈夫的喜悦。

同情拿破仑

黑格尔在寂静的纽伦堡撰写和出版《逻辑学》的时候，战火正在欧洲东部燃烧。

法国的拿破仑打着他的旗帜，从法国、德国、波兰和意大利征集了一支60万大军，已经越过了俄罗斯边境。

黑格尔的弟弟格奥尔格·路德维希，也作为军官参加了这场远征。

每天，黑格尔都通过报纸，注视着战争的进程。

俄国人退却了，维特布斯克和斯摩棱斯克相继沦陷了，莫斯科前沿展开了血战……

“好，太好了！”黑格尔举着报纸，激动地向同事和朋友们传播着法国人胜利的消息，“拿破仑正朝着莫斯科挺进，马上就要进驻俄国的克里姆林宫了！”

他相信拿破仑一定会赢得这场战争的胜利，并且为期一定不会遥远，甚至就在今天或者是明天。

黑格尔每天都关注着报纸，关注着法国远征军的消息。

可这些消息却让黑格尔越来越难以理解了：本来拿破仑眼看就要大获全胜了，已经取得了莫斯科前沿大决战的胜利，俄国人怎么还会不投降，为什么还要鸡蛋碰石头似的继续抵抗和战斗呢？他们还能坚持多久？……

就在这时，传来了一条让黑格尔难以置信的消息：拿破仑的军队遭到惨败，被迫退却了。

“不可能，这绝对不可能！”黑格尔摔掉报纸，几乎是从椅子上跳起来，“伟大的拿破仑绝对不会失败，他是马背上的世界精神——一定是报纸弄错了！”

可接下来的消息，终于让黑格尔无话可说了：拿破仑的军

队土崩瓦解。拿破仑丢弃了残部，逃回巴黎招募新兵。

德国骚动起来。法国军队迅速地撤出了它的占领区。普鲁士和奥地利脱离了法国，德国人民掀起了爱国主义运动。

“怎么会是这样，怎么人会是这样呢?”

现在黑格尔不得不承认现实了，拿破仑真的失败了。

他痛苦地看到了拿破仑的溃败，看到了被他称为“马背上的世界精神”的溃败。

但黑格尔仍一如既往地坚持自己的信念：崇拜拿破仑，同情拿破仑。

1814 年 4 月，拿破仑被迫退位了。

黑格尔马上给好友尼特哈默尔写信，愤怒谴责是“欧洲国家联合反法同盟”毁灭了拿破仑：

我们周围发生了大事。看到一位巨大的天才自己毁灭了自己，真叫人触目惊心。——这是天下最悲惨的事件。所有庸碌之辈以其绝对沉重的压力不停歇地、残酷无情地压了过来，一直把高尚者压到和自己同样的水平，甚至压到比自己还低。这些庸众之所以有力量，之所以能够作为合唱队高高在上地留下来，其关键在于，伟大人物不得不听凭他们这样做，从而毁灭了自己。

拿破仑的失败，对黑格尔的触动真的太大了。那段时间，他整天都郁郁不乐。好在他并没有绝望，并没有放弃对哲学的研究，而是加深了对人类精神世界的探求。

“像骤雨紧跟闪电一样，幸福和乐趣也会伴随着每个伟大事件。”黑格尔在研究和探求中，寻找着幸福和乐趣。拿破仑虽然失败了，但他要继续保持自己在精神上的绝对地位，要继续做一个精神世界的真正统帅。

离开纽伦堡

黑格尔担任纽伦堡文科中学校长期间，还兼任了纽伦堡市学校教育事务委员会的督导职务。由于这项兼职，黑格尔获得了一笔高达300古尔盾的额外收入。这笔收入改善了他的家庭生活，他也可以喝上真正的咖啡了。

“看，我们的咖啡壶已经流出美味可口、沁人心脾的褐色细流了。我们再也不需要代用品了。”黑格尔一边轻轻倒着咖啡，一边对夫人说。

“是啊，亲爱的，真咖啡已经取代了假咖啡，但愿上帝能保佑我们长期这样喝下去……”夫人说着，脸上溢满了满足的微笑。

黑格尔却摇了摇头。他轻轻喝了一口咖啡，盯着夫人的脸说，“但是，我想，我想离开纽伦堡……”

“为什么？”夫人惊讶地瞪大了眼睛，“我们现在的生活不是很好吗？你做着称职的中学校长，还兼任了督导的职务，平时又可以研究和写作，生活平静又有保障，这不是很好吗？”

“不，我想去大学，想去当一名大学教授。”黑格尔坚定地说。

“为什么，亲爱的，”夫人的脸红了，她拉着黑格尔的手说，“是因为当初咱们结婚时，你对我父母的承诺吗？”

黑格尔苦笑了一下，点点头，又摇了摇头：“是的，但又不完全是。这些年来，埃尔兰根、海得堡、耶拿、柏林……这些大学城的名字，经常出现在我的梦里，我一直觉得自己更适合当一名大学教授。”

“那你就应该按自己的意愿去努力呀！”夫人鼓励黑格尔。

“可是，咱们这个地区的政府，一直不信任我，在他们那里，我既得不到支持，也得不到谅解……”

“这是为什么？”

“或许，或许……”黑格尔像个做了错事的孩子似的，腼腆地说，“或许我当初在耶拿大学当讲师时，确实不太善于讲课，在学生面前总是讷讷不出于口，就是这个坏名声，使人们觉得我根本不适宜讲课，不适宜当大学教授。”

“这不公平！”夫人很气愤，“他们应该看到你的好品德和卓越成就。在我的心目中，你是个最博学、最伟大的男人。我支持你主动去寻找机会，实现自己的梦想！”

不久，黑格尔获悉，海得堡大学将有一个教授席位空出来。他毫不迟疑地给海得堡的一位神学家写了一封信：

我在耶拿初次讲课给人们留下一个偏见，认为我讲课既不流利，也不清楚。的确，当初我一直是按照讲稿逐字逐句念的。但是在中学这几年，至少使我能够讲课讲得流利些了。要达到这一点，任何别的办法都不及在中学任教来得可靠；同时，这也是使讲课讲得清楚些的一种适当办法。我相信，我在这方面还是有把握的。

一个月后，黑格尔收到了那位神学家的回信：海得堡大学确实将有一个教授席位，但要到秋天才能空出来。但神学家又建议黑格尔：在哲学系正式作出决定之前，应该给该系去两封信，一封正式给系里，就说他对将空缺出来的教授席位很感兴趣；另一封信写给私人，详细谈一下自己现在的收入情况——也就是委婉地提出教授待遇问题。

黑格尔马上照办。他给海得堡发去了两封信。一封毛遂自荐，正式求职；一封如实讲了自己的全部收入情况：校长薪金、督导津贴、免费住宅折租、教师鉴定委员会的工作报酬……共计 1560 古尔盾。

接下来，黑格尔就只有耐心等待消息了。

半个月过去了，海得堡没有音信。

一个月过去了，海得堡仍杳无音信。

转眼到了 7 月底。这天，柏林的一位历史学家突然来访，给黑格尔带来了一份柏林大学评议会的决定，打算聘请黑格尔出任柏林大学理论哲学教授。

“但不知您对大学哲学教育的目的与方法，有何意见？”来访者问黑格尔，“您能否书面陈述一下，以便我带回去进一步研究和决定？”

黑格尔明白，柏林大学虽然有了聘任打算，但对自己的讲课能力还是怀疑的。可由于海得堡方面至今仍无消息，他也就只好先写一份书面材料，让这位柏林的历史学家带走了。

柏林的客人刚送走，黑格尔就收到了盼望已久的海得堡的来信：正式邀请他接受哲学正教授的空席，并决定补偿薪俸差额，使他的大学教授薪俸高于现有收入。

朝思暮想的前景终于变成现实。黑格尔就要去海得堡当哲学教授了。

但这时又出现了一个新障碍。

黑格尔还没来得及递交辞职书，纽伦堡所在的地区政府却授予他“多才多艺，能言善辩，精通古希腊罗马古典文学”的教授头衔。人们终于明白他们将要失去一位什么样的人物。官方指令埃尔兰根大学挽留住黑格尔。但黑格尔客气而又冷淡地谢绝了。

秋天到了，10月下旬，黑格尔终于离开生活了8年的纽伦堡，踏上了去海得堡的路程。

在海得堡

黑格尔终于又回到大学的讲坛上了。

他以深刻的思想，渊博的学识，严密的逻辑推理，很快赢得了学生们的尊敬。开始，课堂里只坐着 4 名听讲的学生，隔了半年，全校 1/4 的学生都来听他的课了。

黑格尔按照自己的哲学体系给学生开课，并开始讲授《哲学全书》。他讲课的样子也大大发生了变化，变得成熟了，具有一种流畅而又自然的风度。不过，他脸上还是常带着一种古怪的神情，像是心不在焉，这常常成为学生们的笑料。

关于黑格尔的一些传说，也开始在校园里流传了。

有一次，他不知思考着什么问题，在同一个地方站了一天一夜；

还有一次，他一边散步，一边深思，这时天下雨了，他的一只鞋子陷进了烂泥里，可他并不知道，还是继续向前走，人们看到他的时候，他的一只脚穿着鞋，另一只脚穿着袜子……

这些传说并没有影响学生们对黑格尔的尊敬。相反，他们觉得黑格尔教授更加可爱了。他们甚至认为，正是由于黑格尔教授专注于学术研究，才忽视了这些生活细节，才有了那些不同寻常的成果。要不，大学里那些平庸的教授们，怎么就没有这么多趣闻轶事呢？

在黑格尔的门生里，最有趣的要算是一位名叫乌克斯库尔的俄罗斯学生了。他曾是近卫军骑兵上尉，打败拿破仑以后，过着无聊的悠闲生活。在灯红酒绿中他腻烦了，也想学点正经的学问，完成大学学业。于是，他慕名来到海得堡，一进大学便去拜访黑格尔。

黑格尔亲切地接待了这位年轻人，没想到这竟使他深受鼓舞，连忙跑到书店里，把黑格尔所有已经出版的书籍都买了回来。

当天晚上，年轻人舒舒服服地躺在长沙发上，翻着这些书读起来。他翻了一本又一本，一句也读不懂。他越是努力，越是莫名其妙。他不灰心，一节不误地去听黑格尔的哲学课。可是，最后他不得不承认：连他自己记下的笔记都读不懂。

“怎么会这样呢？我怎么会一窍不通呢？”年轻人只好又去找黑格尔诉苦。

黑格尔耐心地听着他的倾诉，然后，诚恳地劝告他：“年轻人，不要着急，我看你还是从基础学起，先自修代数、自然科学、地理和拉丁文，然后再来学我的哲学，好吗？”

年轻人乌克斯库尔点点头，他接受了这个建议，回去开始攻读这些中学的课程，尽管他已经超过了 26 岁了。半年后，乌克斯库尔再来听黑格尔的课，果然很有长进。

“年轻人，我对你的勤奋和认真很满意，”黑格尔高兴地说，“现在，我就开始引导你研究哲学！”

在黑格尔的具体引导下，乌克斯库尔进步很大。后来，他从事俄罗斯的外交工作，可是不论他去北欧，还是赴非洲，黑格尔的《逻辑学》及其他哲学著作，总是随身携带着……

在海得堡，不论是在教学活动方面，还是在写作方面，黑格尔都有了广阔的用武之地。《海得堡文献年鉴》编辑部邀请他负责哲学部分；1817 年夏，他的另一部著作《哲学全书》又得以及时出版。

《哲学全书》是黑格尔在海得堡时期的最主要著作。这部著作第一次体现了黑格尔哲学的整个体系。

迁往柏林

黑格尔在海得堡并没有待得太久。

1818 年元月，黑格尔收到了柏林方面的来信。信是新任文教大臣写来的。

尊敬的黑格尔教授，我是你的哲学的信奉者，我认为你的哲学对于国家教育具有重要的作用，我对你本人更是崇拜……

信中明确向黑格尔表示：如果黑格尔愿意到柏林大学来任教，柏林政府将准备给他一笔较高的薪金，年俸是 3500 古尔盾，这相当于黑格尔现在年俸的两倍。

黑格尔考虑再三，还是接受了这个邀请。

“这不光是出于经济方面的考虑，还有种种其他方面的因素，”黑格尔无限向往地对夫人说，“柏林是德意志文化中心，是德意志最大的一个邦——普鲁士的首都，那里有科学院、博物馆和图书馆；而柏林大学还曾是著名哲学家费希特成名的地方，直到现在那里的人们还保持着对那位哲学家的敬意——能够去柏林大学当教授，自然是一种最高的光荣，也是我梦寐以求的事情。”

“亲爱的，我真替你高兴！”夫人兴奋地说，“你的每个梦想都会变成现实的，我衷心地向你表示祝贺！”

黑格尔马上给柏林方面回了信，表示愿意接受邀请。

柏林方面很快作了答复：正式通知黑格尔，经普鲁士国王同意，黑格尔被任命为柏林大学哲学教授。

黑格尔全家马上行动起来，把家用器皿、床上用品、书箱和衣物箱等，打上了包裹，分批运走。

然后，他们一家人坐着马车，赶往柏林。

在路经耶拿的时候，黑格尔突然想起了自己的一位老朋友。

“他叫弗罗曼，是个书商，一个很好很好的人，一晃我们已经好些年没见面了……”黑格尔坐在马车上，像是自言自语，又像是专门说给夫人听似的。

身边的夫人笑了：“你是不是想带我们，去一起看望一下老朋友啊？”

黑格尔对夫人的善解人意非常感动，他点了点头，说：“夫人，那就按你的意思办，怎么样？”

“这样最好，因为——”夫人微笑着指了指坐在她们身边的孩子说，“今天正好是咱们的儿子伊曼努尔的4周岁生日，我想咱们在这里停一下，既拜访你的老朋友，又为儿子庆祝了生日，怎么样？”

“太好了！要不是你提醒，我真忘了咱们儿子的生日，”黑格尔一拍脑袋，又爱抚地揽过儿子，“这可真是一举多得啊！”

老朋友弗罗曼非常热情地招待了黑格尔一家，又为伊曼努尔庆祝了4周岁的生日。

他们在耶拿逗留了几天，接着继续赶路。

从耶拿到柏林只需要4天的路程了。这天，在途经魏玛的时候，黑格尔又突然想起了老朋友歌德。

于是他又折道去拜访这位著名的诗人。

“尊敬的大人阁下，我的造访，不会打扰您吧？”

“哪里哪里，我亲爱的教授先生，你的到来，简直太让我惊喜了！”

一对“忘年交”紧紧拥抱在一起，两个人都为意外的重逢而激动。

他们手拉手坐下来，促膝而谈，从歌德的诗作谈到自然科学，又从黑格尔的精神现象学谈到《哲学全书》，两个人都为对方所取得的研究成果而高兴。

时间在不知不觉中就过去了。黑格尔一家又该上路了。两位文化巨人挥泪而别，盼望着下次相逢。

9月底，黑格尔一家踏进了普鲁士的首都——柏林。他们先搬进了比锡大街旁的一座房子，不久又搬到了柏林大学附近的库普弗格拉本4号。

我们的哲学家飘泊不定大半生，最后终于在这里定居下来。

动乱之秋

黑格尔一踏进柏林，就敏锐地察觉到，政治动乱正骚扰着首都的各个角落。

战争给这里留下了一个分裂的局面。拿破仑战败了，德意志民族似乎抬起头来了。人们在议论自由的可能。大学生协会成立了，学生们大谈而特谈德意志民族的统一，但是观念极为混乱，怀疑一切、倒一切的主张风行一时。学潮导致了骚乱，学生们和普鲁士当局在对抗中僵持着。

文教大臣找黑格尔谈话：“思想需要哲学引导。在众多的哲学家派别中，我们认为你的哲学是最好的，足以把学生引到正常的轨道上来。”

黑格尔明白政府和文教大臣的期望。“请放心吧，我一定要用自己的哲学，为国

晚年的荣誉

雕刻家维希曼教授。”原来组织者请他来为寿星雕刻一个半身像。

座上有一位生客，黑格尔不认识。旁人立即向他介绍：“这是

家的安定做出应有的贡献。”他信心十足地向文教大臣表示。

因为是初到柏林，黑格尔做了一点礼节性的拜访之后，便闭门谢客，精心准备就职演说。

他的演说是一篇国家理论的概述：

> 我颂扬普鲁士精神，因为它是这个国家的基本特征。在这个国家里，人民同君主一起争取独立，争取消灭异族的残酷压迫，争取精神自由的伟大斗争，已经取得了良好的开端……

但黑格尔的说教并不能阻止突发事件的发生。春天开始的时候，一位在作品里多次嘲笑大学生协会的作家突然被杀。学潮走上了动乱阶段。

于是当局开始了大逮捕，并设立“中央调查委员会”，加强对大学生的监视，查究煽动者。

在被警方扣押和传讯的学生中，也有黑格尔的门徒。黑格尔不由自主地卷进了事件的漩涡。

“我不赞成激进主义，但是更反对警方的报复行动。”黑格尔一边试图给大学生协会会员们的狂热情绪降温，一边又总是尽力设法援救他们，因为他实在不愿看到他们因遭迫害而牺牲。

夏季的一天，大学生阿斯弗尔乌斯被捕了。他是黑格尔一个朋友的独生子，大学生协会会员，在他的脑子里，大学生协会的常用词汇和黑格尔的哲学术语搀和在一起；他歪曲了黑格尔，同时又把黑格尔作为他的精神之父。

“黑格尔已经教给我有关国家的见解。我现在知道应该做什么，不应该做什么。我所要求的乃是一切人的自由和我的祖国的统一……”阿斯弗尔乌斯给他的父亲写信说。

阿斯弗尔乌斯的父亲急忙向黑格尔求援。

在那险恶的日子里，谁要替国王的敌人辩护，就意味着自投罗网。尽管如此，黑格尔还是毫不犹豫地把求情信转给了警察署，并附上自己的一封信，对被捕者作了一番政治评价，保证阿斯弗尔乌斯清白无辜。

晚上，黑格尔和几个大学生偷偷去探望阿斯弗尔乌斯。

阿斯弗尔乌斯被关在一间单人牢房里，牢房的窗户紧挨着斯普里河，几乎同水平面一般高。

他们乘坐一条小船，把船一直划到窗户口。

他们不敢大声说话，因为要是被岗哨发现了，随时都有挨上一枪的危险。

“阿斯弗尔乌斯，我们来看你了——”一个同伴压低声音对窗户里喊，“还有尊敬的黑格尔教授也来了！”

阿斯弗尔乌斯的手从窗口伸出来，他颤抖地和大家握手，向大家表示谢意。

“你现在看得见我吗?”黑格尔握住阿斯弗尔乌斯的手，亲切地问。

阿斯弗尔乌斯拼命地点头，泪水纷飞。

归途中，黑格尔一言不发。他的心情非常沉重。

从牢房回来，黑格尔就又为阿斯弗尔乌斯的案子四处奔走求情。恰巧受理此案的法官是黑格尔的一个熟人，经过长达两年的交涉，最终经国王批准，赦免了阿斯弗尔乌斯。

然而，政治风波还是株连蔓延到柏林大学，也株连蔓延到黑格尔的周围。柏林大学的大部分讲师在官方看来都是可疑的，德·魏特教授被解职了，黑格尔的助教卡罗韦被开除了，黑格尔的密友弗尔斯特被免去了讲师席位……

黑格尔一边多方为他们求情，一边又积极为他们筹集捐款救济。

家人和朋友们都为黑格尔的处境担心。

“我已年近半百，在这充满恐惧和希望的动荡岁月中度过了 30 年，”黑格尔笑着说，“当然，成年累月面临暴风骤雨，毕竟不是件愉快的事，但我相信，落在我身上的至多不过是几滴雨珠。”

就在这动乱之秋，黑格尔仍努力从事撰述他的《法哲学》。这部书稿在 1819 年就已脱稿。一直搁在检查官手里。它并没有被禁止出版，可又不给许可证。拖了一年，到 1820 年 10 月，这部新著终于得以出版。

《法哲学》共分三部分：抽象法、道德法、道德和伦理。在这部著作中，黑格尔虽然有为普鲁士现实及其一切腐朽的制度辩护的企图，但他更严厉地批判了当时德国流行的各种反动理论，充分展示了辩证法的战斗力。

黑格尔自己也没预料到，《法哲学》的出版，竟引起了巨大的反响，也给他带来了前所未有的声誉。

论　战

首都柏林的生活确实与海得堡大不一样。

这里尽是一些显贵、大臣以及艺术界和科学界的知名人士，这些人形成了一个上流社会。黑格尔很快进入了这个圈子。他的社交范围也不断地扩大。不过他对这样一种新社交环境倒也能应付自如。

人们发现，随着岁月的增长，黑格尔变得平和了。他开始喜欢娱乐，而且还喜欢同人聊天，他爱听社会流传的一些奇闻轶事，有时还兴致勃勃地加入别人的谈话，对一些政治事件发表自己的见解。

当然，除了友善的一面，黑格尔身上还有严峻的一面。他对那些特别平凡的人，总是抱着一种温厚的同情，他以宽厚的态度对待他们，从不伤害他们，甚至不遗余力地帮助他们——尽管他们并不了解黑格尔的哲学，甚至也不想了解任何哲学。

然而，一旦涉及哲学，涉及思想方面，黑格尔就完全判若两人了，他尤其对于哲学上的庸俗见解不能容忍，常常表现出尖刻和讽刺的风格。

来到柏林不久，黑格尔就与神学家施莱尔马赫展开了一场论战。

本来，黑格尔对施莱尔马赫还是抱有一定好感的。他前些年还曾在一篇文章里赞扬过这位神学家，并称他为教育的艺术大师。

但随着他们二人各自的思想的发展，他们之间的分歧渐渐地明显了。施莱尔马赫崇尚浪漫主义运动，而黑格尔崇尚的是古典主义，对身边出现的浪漫主义运动，抱着一种强烈的厌恶之情。

1821 年，施莱尔马赫的《讲演录》再版了，他直接提出这样一个观点：宗教是建立在感情基础上的。

这个观点，遭到了黑格尔的严厉斥责："如果宗教在人身上只是以感情为基础的话，那么这种感情除了只是人的依附感外，就不会有别的规定性了，这样一来，狗就是最好的基督徒，因为狗的依附感最强烈。而且它主要就是生活在这种依附感之中的。"

黑格尔的话或许尖刻得有些过分了，它严重地伤害了施莱尔马赫。所以当黑格尔的《法哲学》出版的时候，也遭到了施莱尔马赫，特别是还有一个叫弗里斯的人的攻击。

弗里斯的攻击比较恶毒，他说："黑格尔的哲学是毒菌，不是长在科学的花园里，而是长在阿谀奉承的粪堆上。"

黑格尔暴跳如雷。"简直是骇人听闻！"他无法控制自己的恼怒，“我作为一个普鲁士官员、柏林大学的教授，竟会遭到如此严重的攻击！”

他把弗里斯等人在文章中对他带有侮辱的文字抄下来转送文教部，要求得到保护，并保证他不再受到这类伤害。

文教大臣很重视这事，马上指示出版部门，今后要更严格地审阅所发表的评论文章，同时答应支持黑格尔。

“如果你愿意经由法庭要求赔偿，或者在报端向读者辩解的话，政府都会支持你！”文教大臣向黑格尔征求意见。

黑格尔想了想，坚决地摇了摇头。

“那你是想……”文教大臣很疑惑。

黑格尔突然笑了，“没意思！”他说，“和这些庸俗的哲学见解，和这些庸俗的市侩小人争来论去的，实在不值得，还不如让我省下时间办点正经事儿了。你说呢？”

对　手

黑格尔的名望越来越高了。这使他的对手也越来越多。这些人当中有当时著名的教授，也有一些初出茅庐的年轻人。

春季的一天，一位很自负的哲学博士来柏林大学任教，他声称自己的哲学著作早在一年前就已经问世。但柏林大学里几乎没有一个人知道他。

他就是后来才很有名的人物——叔本华。

年轻的叔本华来到柏林大学的时候，黑格尔已经非常有名气了。

但叔本华却对黑格尔的名气怀恨在心，因为他讨厌黑格尔哲学，况且他自己又读不懂它。

“谢林是吹牛大王，黑格尔是江湖骗子，”叔本华摆出一副骄狂的架子，“黑格尔的哲学中有 3/4 是胡说八道，而其余的 1/4 是陈词滥调。”

尽管叔本华的大学任教议定书上，就有黑格尔的鉴定，但这并没有改变叔本华对黑格尔的看法，叔本华更加飘飘然忘乎所以了。

对这一切，黑格尔却总是大大咧咧的，至多也就是一笑了之。

叔本华准备登台讲课了，但他一直选择不出该讲什么题目。

黑格尔听说了这事，想去帮助一下这个年轻人。

很多人都劝黑格尔：“叔本华这无名小卒，一到咱们柏林大学，就把你当成他的对手，甚至对你的哲学进行攻击和谩骂，你有必要去帮助这样一种人嘛?”

黑格尔笑了，说：“年轻人嘛，狂妄一点是可以理解的。刚登上大学讲台，确实有些茫然无措。我们都是过来人，应该知道这种时候是多么需要帮助啊!”

结果，黑格尔真的主动去找叔本华，帮他选择了第一次讲课的题目。

可谁都没有想到，叔本华在讲课之前，去向系主任提出了一个条件："我要在黑格尔教授讲课的同一时间开课。"

"为什么？"系主任莫名其妙。

"我要与黑格尔教授比个高下，"叔本华十分自信地说，"我相信，只要我一开课，学生们就会都跑到我这边来听的！"

系主任对叔本华的自负和傲慢十分不满。但他想了想，还是说道："好吧，我同意你的要求。不过这样做的后果你要自负。"

结果，叔本华的第一次开课却非常不体面，没有一个学生来听他的课。

叔本华的第一次尝试失败了。

他一气之下离开了柏林。

几年后，叔本华又再度获准前来讲课。这一次，他又选择了黑格尔的讲课时间，但仍不见有哪个学生到场听课。过了一学期，情况稍有好转。第一次开课，来了一个学生，第二次，来了三个，第三次，却来了两个，再往后，就又没有人来了。

于是叔本华不得不又一次愤然离去。不过离去之前，他没忘了专门写了一篇文章，谩骂"大学哲学"，并又一次恶毒地谩骂了黑格尔。

宽容的黑格尔这次仍是笑笑，摇摇头，又笑笑。

晚年时的叔本华却真的成了名，他建立起一种悲观主义哲学。不过那时黑格尔早已去世了。不知叔本华回首往事的时候，会不会想到当初他的“对手”黑格尔对他的帮助和宽容呢？

黑格尔的声望越来越高了，尽管他的“对手”也越来越多，但这已经不使他再有什么不愉快了。现在，他已经被人们看做德国最著名的哲学家。他的讲课风格也发生了改变，已经更成熟、更生动了。他身边，总能吸引大量的听众，尽管这些人还不能完全了解他的哲学，但已能深深地体会到那种哲学是很深奥，很博大的。

长途旅行

1822 年，黑格尔的健康状况已大不如从前，需要更多的照顾。他的妻子也得经常看病吃药。孩子又都大了，他们的教育费用也随着增加，家庭负担越来越重。

而黑格尔为了提高自己的学识，又一直想作一次较长的旅行，甚至已经选好了荷兰作为目的地。但这样一次旅行，需要一笔很大的费用，他是根本拿不出的。

初夏的一天，黑格尔经过反复思量，决定给文教大臣写信，申请政府补助。因为当初文教大臣把他请到柏林来，就曾经向他允诺，推荐他入科学院，并增加收入，但科学院院长是黑格尔在哲学方面的“对手”，致使黑格尔屡屡落选，这个诺言也就没有实现。

文教大臣收到黑格尔的信后，很重视这事，立即给总理大臣写信，称赞黑格尔无愧为一位教育家、哲学家，并建议由政府给黑格尔一次补助。总理大臣对黑格尔的《法哲学》等著作印象很深，当即批准给黑格尔600塔拉，让他利用假期去旅游，以提高学识，并改善健康状况。

黑格尔欣喜若狂。假期一到，他把大学里的事务安顿妥当后，就动身了。

旅行的第一站是马格德堡。

因为雇不到马车，他在这个小镇上待了两天。他当然不会干待下去，而是出去采访名胜古迹。在采访的途中，黑格尔偶然得知，著名的卡诺将军就住在这里。

“卡诺？那位法国科学家和哲学家，曾被拿破仑晋升为陆军部长的卡诺，现今却在警察的监视下，在德国的这个小镇上默默生活着？”

黑格尔很惊讶，他当即决定去拜访卡诺。

卡诺根本没想到自己在这种境况下，还有人记起。当他得知来访的竟是当代鼎鼎大名的哲学家黑格尔时，激动得老泪纵横。

他们紧紧拥抱，一见如故。然后他们亲切地坐在一起，亲切交谈。

两人自然而然地谈到了拿破仑。

“拿破仑可是亚历山大和恺撒那样伟大的人物。”卡诺说。

“不，拿破仑是法国及近代欧洲资产阶级革命的代表人物，是‘世界精神的代理人’，”黑格尔赞叹道，“他已经远远超过了亚历山大和恺撒。”

两人的眼睛里都放射出炯炯有神的光，脸上充满了无限热爱的情感……

告别了卡诺将军，黑格尔精神焕发地离开马格德堡，坐上马车，兼程前进。他常常在夜间继续赶路，在途中迎来黎明。

在不伦瑞克，他漫步市区，参观了一座博物馆，还观看了一场喜剧；在勃兰登堡，他看着那里绚丽多彩的风景，不禁想起了故乡斯图加特。接着他又从卡塞尔抵达马尔堡，沿着莱茵河向波恩和科隆进发，向旅行的终点布鲁塞尔进发。他一路观光市容和乡村，参观图书馆、美术馆和教堂，结交和拜访朋友，并记下了大量游记。

半月后，黑格尔终于来到了荷兰的著名城市布鲁塞尔。

黑格尔漫步街市，惊讶地发现：这里的人民生活康乐，道路和城市整洁美观。

“我真的不明白在这里，怎么看不到一所破烂房屋、一个塌陷的屋顶或者朽坏的门窗呢？”黑格尔感叹不已。

一天，黑格尔和几个朋友去郊外远足，并特意去凭吊了滑铁卢。

滑铁卢是拿破仑这位沙场宿将登基的地方，他也是在这个地方丧失了他的王位。

望着那一片旷野和山丘，黑格尔感慨万千，他觉得这里的一切，都永远值得纪念。

他登上了那片拿破仑当初曾登过的莽莽高地，环顾四周，眺望远方……

他似乎一下子领略到了拿破仑的胸襟和胆识。

顶着中午的炎热，黑格尔又在这一带跑了三四个小时，他被拿破仑的精神感染着，“这里每一个土堆下面都埋葬着不屈不挠的勇士。”他轻声说着，顾不得去擦脸上的汗。

归　来

黑格尔告别了令人心旷神怡的荷兰，告别了令他百感交集的布鲁塞尔。

归途中，黑格尔又在汉堡作了短暂停留。他在那儿要和杜博会晤。

其实他和杜博还是神交。年初的时候，黑格尔接到汉堡制帽商杜博的一封信，他请求黑格尔为他解释一下，什么叫真理。

当时，黑格尔由于太忙，没给他回信。但事隔一个半月，第二封信又来了。这封信比第一封信写得更详细，重新提出了前一个请求："我要探求真理，但我是利用业余时间从事哲学研究的，苦于缺少必要的修养。我虽是一个法国人，但热衷于德国哲学，可康德和费希特都不能使我满意，于是我开始攻读您的哲学……为此，我向您请求给予指导和帮助。"

黑格尔给杜博回了一封信，信中把《逻辑学》和《哲学全书》的有关章节作了通俗的讲述。

杜博读了黑格尔的信非常满意，但他又很盼望能与黑格尔见面。

为了不使杜博失望，黑格尔在汉堡停留下来。

杜博见到黑格尔，非常惊喜。他没想到一个著名的哲学家会这么的平易近人。

"我真的没想到，"杜博激动地说，"我真的没想到，您会大驾光临!"

黑格尔平和地笑笑，说："我也是被你这种认真钻研的精神感动了。有什么问题，你尽管提出来，咱们共同探讨，好吗?"

杜博激动得一时不知说什么才好。他试探着提了几个小的问题，然后越提越多，越提越深刻。黑格尔始终微笑着回答了杜博的问题。

不知不觉，分手时间到了。黑格尔站起来。

"怎么样，我的回答还能令你满意吗?"他笑着问杜博。

"非常满意!"杜博兴奋地说，"听了你的一席讲解，我真是豁然开朗啊！”

“那就好！”黑格尔说，“以后咱们还可以多联系。”

“可是……”杜博握着黑格尔的手，真的不知说什么好，“尊敬的教授先生，从外表看，你既没有什么高贵气质，也没什么动人的文雅风度，而在整个举止谈吐中，最引人注目的都是您的坦荡胸怀和渊博学识。您给我留下的印象是永远难忘的！”

黑格尔笑着摇了摇头。他觉得眼前这个法国人不仅认真，还很热情。

“可是，教授先生……”

“怎么，你还有什么问题吗？”

“不，我，可是……”杜博盯着黑格尔的脸，他发现他所敬重的人的脸庞有些苍白憔悴，额头、脸颊和嘴角已布满了皱纹。杜博终于鼓起勇气继续说下去：“我知道您有对事业一丝不苟的严肃态度，并且这一事业本身是伟大的，只有通过艰苦的劳动，才能取得圆满进展，而您长期以来正是以这种态度默默地埋头于这一事业，可是，可是您可要保重身体呀！”

黑格尔紧紧握了握杜博的手，感激地点了点头。

马车走出了很远，黑格尔回头，看见杜博还在向自己频频招手……

愉快的旅行结束了。黑格尔回到了柏林。

他虽然有一点累，但还是马上坐回了他那宽大的写字桌旁，埋头于那堆横七竖八、杂乱无章的书籍和稿纸里，抒写旅行见闻和感受。

不断有大学生来找他，报名听他下学期的课。

“好，好，坐，坐……”黑格尔抬起头来，对那些学生说着，不知不觉地放下笔，滔滔不绝地谈起荷兰城市的整洁、乡村的优美富饶，谈起辽阔无际的绿色草原、畜群、运河、高耸的教堂和便利的公路，谈起博物馆、图书馆、美术馆和一些艺术珍品。

前来报名的大学生们听着听着，不知不觉地就跟着黑格尔一起走进了荷兰……

到维也纳去

1824 年 9 月，黑格尔又作了一次假期旅行，这次是到维也纳去。

旅途中，经过德累斯顿的时候，黑格尔在这里停留了一下，鉴赏一番世界著名的美术馆的名画，还到一位浪漫派作家家里去参加了一次文学聚会，兴致勃勃地观看了一个新喜剧。

在布拉格，黑格尔逗留了一星期，观看了一次炮声隆隆的军事演习，又登上那个著名的布拉格高地，饱览了金色的布拉格全景。他从清早到傍晚一直在城区游览，又观赏了古老的教堂、宫殿和美术馆。

终于到了维也纳。这里给黑格尔留下印象最深的，就是意大利歌剧。

“只要钱够我看意大利歌剧和回国之用——我就要继续留在维也纳！”黑格尔激动地说。

他接二连三地看了麦尔卡丹特、罗西尼、斯波蒂尼、莫扎特的历史剧，有时一出历史剧他要跟着看好多次。最使他心荡神迷的，就是意大利独唱家的歌唱。连他自己都惊诧：“我为什么如此倾心这里的音乐呢?”

黑格尔每天给家里发一封信，除了简单记录当天的见闻，就是对这里的歌剧津津乐道：

> 就像绸缎只是为了女士们，这里的歌剧也只是为了意大利的嗓子而创作的。它们似乎不能称为真正的音乐，因为只是纯粹的歌唱，一切都是为了歌唱，特别是罗西尼的《费加特》，它使我觉得比莫扎特的《婚礼》更加趣味无穷……

每天为能够准时地、精神饱满地去剧院，看上他所喜爱的歌剧，黑格尔甚至很少去维也纳的郊区去了。

白天如果有几分钟空闲，黑格尔就到市内公园，主要是附近的街心公园和公共游乐场散散步，然后就又去剧院里去看戏了。

有时，歌剧院里没有演出，黑格尔就会觉得很失落。但他绝不会让自己在维也纳闲过一分钟的。他会赶往著名的傀儡剧团去观看或到别的地方去参观——

在动物标本陈列馆，他作为柏林大学教授受到了热烈欢迎；在皇家图书馆，他见识了当时最大的书库，一个阅览室就藏书30万册；在博物馆，馆长亲自领着黑格尔参观了一些展览，展品之丰富使他目不暇接。有些人还引他去看了私人珍藏。黑格尔明白，这是维也纳人对自己、对自己的哲学的一种莫大敬意。

有件小事使黑格尔对维也纳大惑不解，人们竟可以免费参观艺术珍宝馆。为此，在一家珍宝美术馆，黑格尔接连逛了三次。

“这样，既饱了眼福，增长了见识，又可以省下钱来多看几出歌剧了！”黑格尔自嘲地说，“这种美事恐怕只有在维也纳才有吧？”

黑格尔仍是每天给家里发一封信。种种应接不暇的印象像焰火似的使他眼花缭乱、兴奋不已。

他幽默地给他的夫人写信说：

参观、散步、写信、观看歌剧……我在这里的日程安排得满满的，有时我已经想不起头天晚上所经历的事情了，所以我现在向你一一汇报，可能以后又不得不请你来告诉我，我是怎样在这里度过的。

黑格尔在金色的维也纳愉快地度过了两个星期。

无论是时间还是金钱，都要求我们的哲学家应该和他喜爱的人们告别。

再说，他已经和一个叫库然的朋友约好，要在德累斯顿会见。

依依不舍中，黑格尔踏上了归程。

与库然的交往

库然是法国人，曾以出版柏拉图等人的著作而闻名。他在德国教授中间是唯一一个称得上达到现代理论哲学水平的外国人。

黑格尔早年在海得堡大学任教时，就同库然开始了交往。

那时年轻的法国哲学家库然来到德国，想进一步了解德国哲学。因为他当时对德国哲学还是很陌生的。

有朋友告诉库然：德国当代有三个伟大的哲学家——雅科比、谢林和弗里斯。

一个偶然的机会，库然去了一趟海得堡大学，原来打算在那停留不过两小时。

然而，他却同黑格尔结识了，在那儿整整待了两天。不久，在回家途中又到海得堡待了 3 个星期。

“我拜访和研究了很多当代德国哲学家，并没有发现他们的哲学有什么特别之处，给我留下的印象也不深，”库然激动地对黑格尔说，“自从我认识了您，尊敬的教授先生，我才真正找到了自己所要学习的东西。最能启发我的思想，使我感到敬佩的伟大人物，只有您一位！”

库然开始向黑格尔学习哲学。由于库然对德语并不精通，黑格尔就像教授小学生似的帮助他。

课余，他们俩手里拿着《哲学全书》，沿着御花园的林荫道并肩漫步，黑格尔耐心地把自己的书翻译给库然听；晚上，库然来到黑格尔家里，黑格尔手里端着一杯茶，细致地给他讲解那些不懂的地方。有时，两人坐在一起，高度评价法国大革命，热情赞颂拿破仑。

“除了您，世界上没有发现任何一个人同我的观点是如此的吻合！”库然曾动情地对黑格尔说。

“是共同的哲学追求，是一致的政治信念，把我们紧紧联结在一起，”黑格尔笑着告诉库然，“我们的友情已经根深蒂固了！”

这次，黑格尔从维也纳的归途中专门来和库然相会了，这自然是使双方都非常高兴的事。

他们又坐在一起，探讨起哲学问题，各自汇报着这些年取得的成绩，并相约以后在适当的时候，两人一起去巴黎寻访和参观。

黑格尔在库然那里经过充分的休息，愉快地回到了家。

然而，不久就传来一个不愉快的消息：库然被捕了。

黑格尔莫名其妙，他搞不清楚这是怎么回事，搞不清楚是谁，为什么逮捕了他的好朋友库然。

黑格尔四处打听，很快打听到了事情的缘由。

原来库然被怀疑与德国大学生协会有勾结，密谋从事颠覆活动。现在，他已经被移交给了普鲁士当局。

“误会，这一定是一场误会！”黑格尔气愤地说，“库然是我多年的老朋友了，我了解他，他一定是清白无辜的！”

黑格尔挺身而出，决心为老朋友申辩。尽管当时在普鲁士，人们习惯于把每个被捕者都看成危险的罪犯，特别是觉得不能和外国的罪犯有关联，但黑格尔还是给内政大臣写了一封信，请求帮忙：

库然现今不是还处于被告地位，还没有确凿的证据被判罪吗？那就请您及早相信，他是无辜的，这一定是一场误会！无论如何，我早先对库然所产生的印象和敬意将永远持续下去……

普鲁士当局对库然的审讯历时4个多月，案卷叠成4大厚册，但确实没有什么确凿的证据。

4个月后，库然被无罪释放，但他却无家可归了。

“你今后想怎么办?”黑格尔关切地询问库然，“在我这里留下来好吗?”

“法国我不想回了，这里我也不想待下去,”库然苦笑了一下,“还是回我的魏玛吧，因为我曾在那里住过……”

“魏玛?”黑格尔眼睛一亮，“好，歌德先生就住在那里，我想他会给你一些帮助的!”

于是，黑格尔动笔给他的“忘年交”歌德写了一封信，请歌德看在朋友的面子上，能给库然一些帮助，使他回到魏玛后，不至于再有什么麻烦。

一个烟雨蒙蒙的午后，库然在行囊中带着黑格尔给歌德的那封信，动身前往魏玛。

独特的讲课方式

新学期开学的时候，黑格尔开始讲授他的《历史哲学》。

坐在讲台上，他完全沉湎于他的讲题之中。

讲台下，他的学生们一边瞪着眼听着，一边不停地记着笔记。

黑格尔像个慈祥的父亲似的，尽量挑选着那简练通俗的字眼，以求缓和讲题本身那种僵硬的严肃性。

一会儿，他却结结巴巴起来了，想努力讲下去，却忽然停顿下来，接着又重新开始，讲讲停停，停停讲讲，边讲边想。

学生们都很理解地冲黑格尔微笑。他们似乎在为黑格尔着急，又似乎在宽慰着他们的老师：“别急，我们在耐心地等待着，我们相信您马上就会找到那个合适的字眼的！”黑格尔的脸上突然绽开了笑容，随之讲话也顺畅起来——他终于又选中了一个看来平常，但他却觉得贴切得不可替代、不同凡响而又唯一可靠的词汇。

一个非常深奥的道理，终于在不知不觉中，又非常完美地讲出来了。

学生们都舒了一口气，渴望黑格尔能继续讲下去。

可是，白盼一场。

黑格尔也仿佛陶醉于刚才完美的讲解之中，他慢吞吞、美滋滋地又在刚讲完的问题上兜起圈子，不断地重复起来。

学生们的注意力松弛下来，有几个学生还开了小差。

“请注意听讲，”黑格尔轻声提醒他的学生，“任何一个完整的思想，都是轻巧而又精密地通过一些看来毫无意义的环节，引申出来的。”

学生们不敢懈怠了。因为他们都知道，听黑格尔老师的课真的开不得小差，哪怕离开了他的讲题那么几分钟，重新回过神来听讲，都会大吃一惊，发现已远远地被老师的思路抛开了。

学生们又凝神听起来。

黑格尔又开始用他那独特的方式讲了起来。他描述着时代、民族、事件和个人，他深邃的目光仿佛能穿透历史，彻底认识他周围的世界。

一堂深刻的哲学课，就在这种紧张又兴奋的气氛中结束了。

学生都站立起来。

黑格尔教授缓慢地走出教室。

“他的讲课简直叫人受不了，”一个新学生低声嘀咕，“他那颤抖的哭泣似的语调，几乎不能把每一句话讲完。”

大家都惊讶地歪头盯着那个新学生看——原来是刚从俄罗斯来的基里耶夫斯基。

“你这话太让人受不了了吧？”几个学生围过来，对基里耶夫斯基怒目而视，“不许你这样评价黑格尔教授，如果你真的受不了他独特的讲课方式，就证明你不配做这位哲学大师的学生！”

基里耶夫斯基愣住了。他张了张嘴，半天没吐出一个字。他不明白，黑格尔怎么会让这么多学生着迷甚至崇拜？“我倒要再听一听黑格尔的课。”本来已打算改听别的教授课的基里耶夫斯基，突然改变了主意。

没想到不久，基里耶夫斯基就高兴地给家里写信：

我已经习惯并且已经喜欢上了黑格尔教授的讲课方式，一段时间以来，我已不听别的教授的课，专听黑格尔的课了。

基里耶夫斯基也被黑格尔迷住了。当然，他着迷的是黑格尔深刻的思想。他给黑格尔写了一封很有礼貌的信，请求同尊敬的教授先生进行一次谈话。

黑格尔很愉快地答应了他，并把他和其他几位学生一起请到家里，举行了一次聚会。整个晚上非常热闹，黑格尔单独和这位俄国大学生谈论了许多问题。基里耶夫斯基非常激动，他觉得黑格尔这位平易的长者特别好客，特别和蔼，特别有学识，特别值得尊敬。

聚会过后，基里耶夫斯基就又给他的父亲写了一封信：

亲爱的爸爸，如果在莫斯科买不到黑格尔的《哲学全书》，您就订购吧！这里面可以找到许多有趣的东西，那是所有最新的德国文学加在一起也不能提供给您的。这部书虽说难懂，但却值得一读——当然，您若能亲自听到黑格尔教授的讲课，收获就更大了。

黑格尔的名望已远远超越了德国的边界。

他的那种独特的讲课方式，因为不在乎词藻的华丽而追求内容的深刻已著称于世。他已接近荣誉的顶峰，这种讲课方式已不再像初登讲台时那样受到责难了——在听众的眼里，已经成了思想伟大的标志。

风光的生日

黑格尔56岁生日到了。

往年生日只是在家属中间庆祝一下，庆祝仪式往往在前一天午夜就开始了。

这一年的情况却不一样。

他的夫人7月间带孩子回纽伦堡的娘家去了，因事赶不回来，就剩黑格尔一个人在家。因此朋友们决定，要陪他好好乐一番。

前一天晚上，他们到一家娱乐场玩了半夜。午夜时分，大家碰杯祝酒，为寿星祝福。

早上，黑格尔在家中开始迎接前来道贺的宾客。亲朋好友络绎不绝，连国家警察总监也大驾光临，这着实掀起了一个高潮。

晚间的寿宴设在新落成的“菩提树下”饭店。黑格尔很喜欢这个饭店的名字，觉得它很有哲学意味。

他的学生们为黑格尔张罗了这个生日晚会。请来的嘉宾有大学教授、作曲家、艺术家等二十多人。

座上有一位生客，黑格尔不认识。旁边的人立即向他介绍："这是雕刻家维希曼教授。"原来，组织者请他来为寿星雕刻一个半身像。

寿宴开始了，大学生代表团奏着乐来了。他们给黑格尔献上一个银杯，上面刻着"伟大的导师惠存。感恩不尽的学生敬赠"。

学生代表讲话，祝贺导师生日快乐。

黑格尔满面红光，他被大家欢呼着拥到台中央。

"我对大家的盛情，表示深深的谢意！"黑格尔腼腆得像个孩子，一时不知说什么好，只好不断地重复着这句答谢词。

接着学生们朗诵贺诗。

午夜的钟声一响，宴席上再次掀起高潮。因为8月28日又是歌德的诞辰。祝酒声、吟诗声此起彼伏，不绝于耳。大家举杯共祝歌德和黑格尔健康长寿：

一尘不染，与世无争，
情同手足，浑然一身……

隆重的庆寿盛举，风光无比。柏林的一家报纸还对此作了详细报道。

但最使黑格尔高兴的还不是这些表面的风光，而是他主持的一份科学评论杂志即将出版，多年的宿愿将得以实现。他觉得这才是他56岁寿辰最珍贵的礼物。

说来话长。

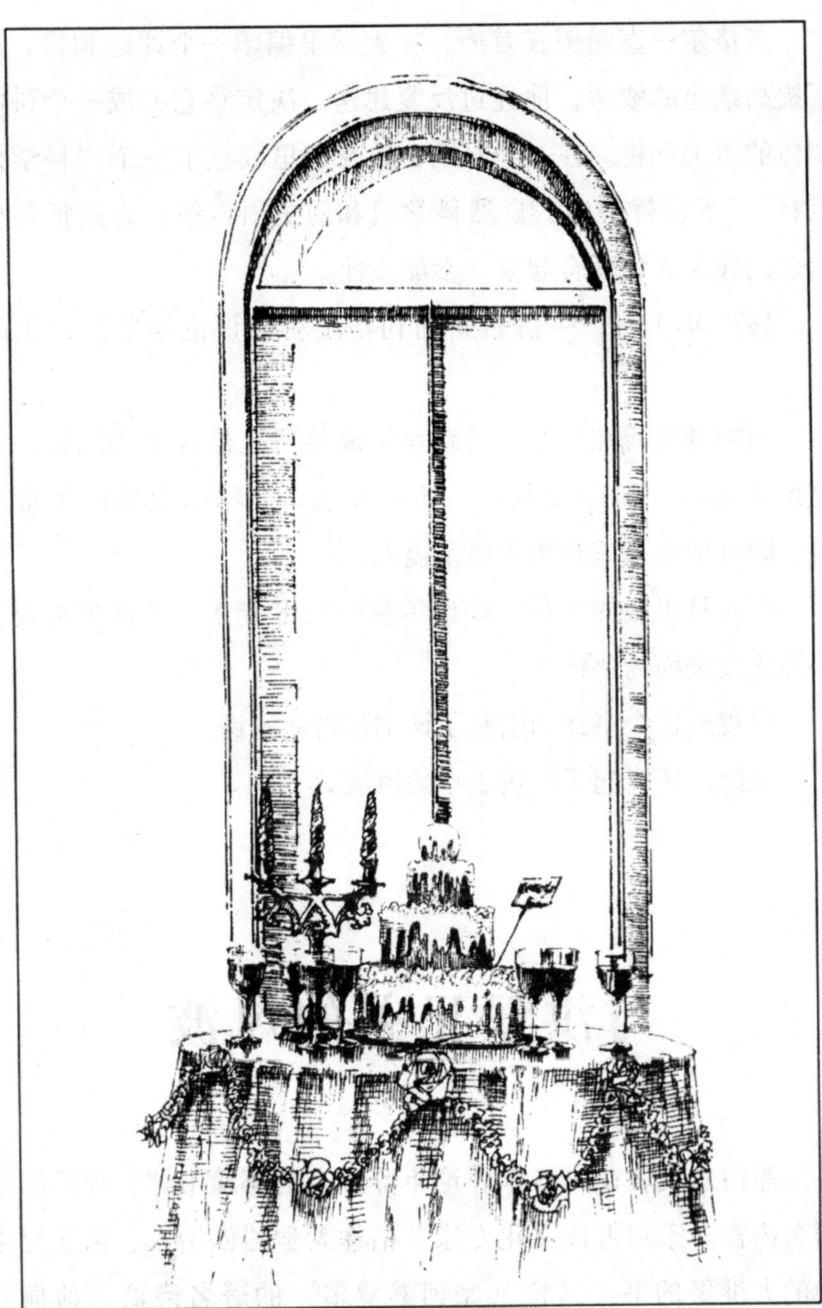

黑格尔一直渴望在首府，在大学里编印一个评论刊物。为了提高杂志的威望，他经过反复思考，决定将它办成一个科学团体的机关刊物。在一个月前，他在家里成立了一个“科学批判社”，下设哲学组、自然科学组和历史语言组，力图把各种信念的代表人物联合起来，参加该社。

1827年1月，一份崭新的刊物《科学评论年鉴》终于问世了。

刊物的宗旨在于按照最新科学成果研究最现实的问题。每篇评论都经“科学批判社”审定发表。刊物由黑格尔负责主持，同时他也是该刊物主要撰稿人。

在元月出版的《科学评论年鉴》7、8期上，黑格尔发表了一篇比较全面的书评。

没想到这个书评却引起了该书作者的不满。

为此，还引起了一场小小的风波。

与洪堡兄弟的风波

黑格尔发表在《科学评论年鉴》上的那篇书评，评论的是著名语言学家和古代文化专家、柏林大学的创始人、洪堡兄弟中的大洪堡的书：《论〈摩诃婆罗多〉的著名诗篇〈薄伽梵

歌〉》。

大洪堡的这部著作，介绍了印度一部著名史诗的某些内容，并发表了一些评论性的意见。

黑格尔在书评中，一面肯定了作者大洪堡的才能，一面也批评了他的一些观点，并对印度哲学的一般倾向作了分析，阐述了自己的观点。

大洪堡对黑格尔的批评十分不满，拿起笔来发表了自己的见解："我觉得黑格尔先生并不懂得印度文化，在书评中只不过是把哲学与寓言，真与假，古与今混为一谈罢了，这算哪一家的哲学？"

但大洪堡并不想挑起争论，他又给黑格尔写信，对《科学评论年鉴》的出版表示祝贺，并感谢黑格尔对他著作作了详尽的分析。

恰在这时，大洪堡的弟弟小洪堡从国外归来，在柏林的各个大学里演讲。

小洪堡是一位渊博的学者，他的学识之深曾使歌德为之惊叹。他演讲的大厅里总是座无虚席，不仅有大学生和教授，而且还有手艺人和部长，甚至国王也曾驾到。

看到哥哥受到攻击，小洪堡自然不能等闲视之，况且他对德国的唯心主义哲学一向抱有反感。于是他在自己的演讲中，不指名地批评了黑格尔，认为他的那部哲学是既无学识又无经验的形而上学，它会导致比中世纪形式主义更为狭隘的形式主义。

黑格尔听说了这件事，自然很不高兴。

“我倒不是接受不了批评，我们成立‘科学批判社’，出版《科学评论年鉴》，这是希望能引起批评和争议，”黑格尔说，“但批评最好能打开天窗说亮话，不要在暗地里偷偷摸摸地对别人进行攻击。”

黑格尔通过小洪堡的朋友，向小洪堡转达了他的意思。

小洪堡和他哥哥一样，也并不想把事情搞得满城风雨。于是灵机一动，想出了一个办法。

他把他的讲稿转给黑格尔看。但这篇讲稿已被他偷梁换柱，根本不是谈黑格尔哲学的那一篇了。同时，他还给黑格尔写了一封信，信中说：

我们弟兄二人对您是非常尊重的，说我们在背地里攻击您，纯属造谣。如不相信，请查证我的演讲稿，并欢迎您的批评指正。

黑格尔仔仔细细地通读了一遍小洪堡的讲稿，找不出一个字是谈论他的哲学的，更找不出丝毫的对他批评和奚落之意。

黑格尔莫名其妙。

但他想了想，很快就明白是怎么回事了。

他摇了摇头，笑了，但笑得并不开心。

“请转告洪堡兄弟，”黑格尔对小洪堡的朋友说，“我对他们兄弟二人也是非常尊重的。我们相互之间都没有什么恶意，但我更欢迎他们兄弟能站在科学的角度，对我的哲学、对各种代表人物的信念进行光明正大的批评。”

这场风波停止了。但黑格尔勇于否定、勇于批判的脚步不会停止。接着，他又在《科学评论年鉴》上发表了很多评论文章，并积极参与到各种激烈的争论中去。

黑格尔知道，没有否定也就没有肯定，没有批评和争论，也就无法明辨事理，也就无法发现真理并促进人类社会的进步。

又见库然和歌德

1827 年的秋天到了。

黑格尔应朋友库然之约，来到了法国首都——巴黎。

乘车经过巴黎的街道，黑格尔心潮起伏，不禁记起了自己的青年时代，记起了当年满怀热情地参加革命的情景。

库然早已经在巴黎等待黑格尔了。在他的照顾下，黑格尔住进了卢森堡花园附近的一个整洁的、备有家具的房间。

然后，他们共同寻访大革命期间曾发生过重大事件的场所，共同参观卢浮宫、大学和植物园，并且共同驱车游览巴黎的四郊。他们瞻仰了蒙摩隆西著名的大教堂，内有历代帝王的陵寝。黑格尔还特意去了卢梭住过的庄园，他对那里特别感兴趣，因为当年卢梭亲自栽种的玫瑰丛还茂盛地长在那里。

像在维也纳一样，黑格尔晚上总是到歌剧院去观看演出。他观看了伏尔泰、莫里哀和其他人的戏剧，还看了一个英国剧团演的一些莎士比亚剧。

“我觉得英、法剧团的演员要比德国的戏剧演员表演得含蓄，技巧成熟。”那天看完戏回来，黑格尔感慨地跟库然说着，一副余兴未尽的样子。

“那就请您在这里多住上几天吧，”库然说，“回到德国就难以看到这么好的歌剧了。”

黑格尔笑着摇摇头，说：“美妙的时光总是过得这样快，你看，我来巴黎已经一个月，这一个月转瞬即逝了。”

两人互相看着，都觉得有些惊讶。是啊，时间过得真是太快了，不知不觉就又该分手了。

第二天，黑格尔动身了。他还要前往魏玛去拜访歌德。库然送了一程又一程，一直把老朋友送到德国的科隆，两个人才依依不舍地分别。

几天后，黑格尔到了魏玛。他受到歌德的隆重接待。

歌德兴奋地和黑格尔拥抱。他拍着黑格尔的肩膀和后背，眼里闪着泪花。他像欢迎远道归来的儿子一样热切地迎接黑格尔。

黑格尔的内心也十分激动。在他看来，歌德十分健壮，动作轻捷，精力旺盛，根本不像78岁的老人。这使他非常高兴。

在宽敞的客厅里，两个老朋友轻松愉快地畅谈起来。

黑格尔向歌德详细地述说了他在巴黎的见闻，谈了他对法国政治和文学的见解。

歌德很有兴趣地听着，不时地提一两个问题，探寻一些细节。

晚上，歌德为黑格尔召开了一个茶话会。

茶话会上，大家谈笑风生，话题逐渐转到辩证法上。

黑格尔说："从根本上讲，辩证法不外乎人人身上都具有的那种经过整理的、有条不紊地形成的矛盾精神，那种只能在辨别真伪中才见得到的伟大。"

"但愿这种精神艺术和才能不致经常遭到滥用，"歌德插话说，"不致用来颠倒黑白、混淆是非才好。"

黑格尔答道："不过，这样的情况只可能发生在那些精神不健康的人们身上。"

歌德说："我喜欢研究自然，这种研究是不允许发生这种毛病的！同时，我还确信，许多辩证法方面的病患者，将在研究自然的过程中，得到有效的治疗。"

大家都笑了起来。

两位在不同精神领域中耕耘的大师也相视而笑。他们的研究领域虽然不同，但他们的见解常常能达到一致。

分别的时候，歌德赠给黑格尔一个用波希维亚玻璃做的酒杯，里面嵌有黑色的丝织品。阳光一照，玻璃就呈现出淡雅的蓝色。随杯附送的名片上写道：

原始现象向绝对精神致意。

这份赠礼，代表着两位大师之间纯洁深厚的友谊，也表明了一位大师对另一位大师的尊重和敬意。

荣誉的顶峰

1829 年的假期，文教部又给德高望众的黑格尔一笔补助金，资助他去捷克旅行和休养。

黑格尔先到了布拉格，小住几日后便去了捷克著名休养胜地卡尔斯巴德。

卡尔斯巴德当时已驰名世界，特别是这里的温泉和矿泉水最有名。

那天，黑格尔正在品尝矿泉水，突然看到一个人。

“谢林!”

“黑格尔!”

谁也没想到，他们竟会在这里不期而遇了。

他们这对青年时代最好的朋友，紧紧拥抱，感慨万千。

然后，他们愉快地共进午餐，同游附近的山岭，畅谈政治，畅谈风景，谈这谈那，唯独不谈哲学。

从捷克回到柏林，黑格尔的心情一直非常畅快。而这时，又有两项最高荣誉正在等着他：柏林大学校长、大学里的政府全权代表。

在当时的德国，黑格尔是第一位一身二任的人。

一个秋高气爽的日子，黑格尔按照惯例，用拉丁文做了校长就职演说。演说的主题是大学的自由。

“大学是宇宙的一面活镜子，是一个社会，是一种融自由与纪律为一体的国家，”黑格和慷慨激昂地对师生们说，“我们的纪律是我们自己制定的，是我们为之献身的那种事业的纪律。大学里的教学自由，人生的全部意义的发扬光大，乃是其他一切自由的楷模和源泉。大学的自由决不是盲目听从于权威，也不是在言行上采取毫无根据的相对主义，大学立足于真理的坚实基础之上，同时又以真理为其最终目的，”

热烈的掌声响了起来。

黑格尔没有辜负政府和人民对他的信任。在他担任校长期间，柏林大学没有发生一起反政府的案件，尽管当时国内外的政治形势很紧张。一年中，学生中只发生了几起不值得一提的违纪行为，但都不是出于政治动机，更没有一名学生被开除。为此，他荣获了国家奖——三级红鹰勋章。

学生们也自然非常爱戴这位宽厚仁慈、管理有方的校长。为了庆祝黑格尔的60大寿，他们定制了一种纪念章。纪念章的正面铸有哲学家的侧面像，背面则是一幅象征画。画的正中是守护神，右边是一个女性，手执体现宗教信仰的十字架；左边是一个埋头读书的老学究，他头顶上还有一只象征智慧的猫头鹰。

学生向黑格尔解释："信仰与智慧的结合，便是这幅画的真谛。"

黑格尔非常感激地接受了学生们的这份特殊的赠礼。

很快，纪念章便在黑格尔的朋友和学生们中间流行开了。

霍乱之灾

1831 年夏天，霍乱在柏林猖獗一时。

黑格尔带着全家从城里迁往城郊的克罗依茨贝格。

人们避而不去柏林，连黑格尔 61 岁的寿辰也是在郊外的露天剧场庆祝的。

前来道贺的友人寥寥无几，因为好多人被霍乱吓坏了，都远远地离开了首都。可来到的几个人还没来得及坐在桌旁喝一杯香槟，一场暴风雨骤然袭来，一下子都抱头四散。

"这可不是个吉兆。"黑格尔轻声嘀咕着，摇摇头，笑了一下。

整个夏季和秋季，黑格尔都待在柏林郊外的克罗依茨贝格。他在那里默默修改他的《逻辑学》，准备再版。

他写完新序，想起了柏拉图撰写《国家》一书时曾七易其稿，不禁感叹道："一个现代作家如果有更深刻的原则，更艰难的主题和更丰富的材料，那他一定会把稿子改上77遍，可是哪来的时间呢？唉，当今世界，如此熙熙攘攘、忙忙碌碌，又怎能让人从事无动于衷的纯思维的认识活动呢？"

黑格尔感到了时间的紧迫。

11月，他们全家回到柏林。霍乱渐渐平息，大学开始复课。

黑格尔宣布，他要在新学期开设两个讲座——法哲学和哲学史。

可是，他真的没有时间了。

11月13日，星期日，黑格尔早上就感到很不舒服，又胃痛又呕吐。请来的医生没有诊断出什么危险，这种猝发的病况，过去也是有过的。黑格尔服了药，病情却不见好转。

晚上，他在床上难受得翻来覆去。他的夫人坐在床边不停地帮他把被子盖好。

"你们……快去睡吧，让我一个人折腾。"黑格尔的脸上，豆大的汗珠流淌下来，湿了枕巾，但他还在劝家人们快去休息。

夫人咬着嘴唇，为黑格尔擦着脸上的汗，悲伤地背过脸去。

第二天早晨，折腾了一天一夜的黑格尔，疼痛和呕吐已完全消失了。他想起床，家人们把他扶到了隔壁的起居室，但他实在太虚弱了，还没走到沙发前，就几乎瘫倒了。大家把他抬上床，夫人为他盖上暖烘烘的被子。

“你们看我真的太……太弱不禁风了！”黑格尔努力地冲夫人和孩子们笑笑，“但愿能让我消消停停地睡一会儿，睡一会儿……”

他的夫人小心地摸了摸他的脉搏，他便深情地握住夫人的手，张了张嘴，仿佛在说：“放心吧，放心吧……”他握着夫人的手，一直没有松开。他的眼睛微闭着，似乎正在想着一些很久远的人和事。

这一刻，他想起了什么呢？他或许想起了他的母亲，他的父亲，还有他的妹妹吧？这一刻，他或许想起了他的恩师勒夫勒尔，忘年交歌德，还有荷尔德林和谢林，还有尼特哈默尔和库然吧？这一刻，他或许想起了他的夫人玛丽年轻时的样子，还有他们在结婚前一天到野外采野花的情景吧……

下午3点钟，黑格尔气喘急速起来，接着又安然入睡。夫人觉出了异样，用手一摸，他的左半脸庞已经冰凉，两手也变得又青又冷。

夫人和孩子们在他床前跪了下来，听着他奄奄一息。

5点15分，黑格尔与世长辞了。

葬礼于1831年11月16日举行。柏林大学校长马尔海内克致了悼词。大学生列队护送遗体到墓地，那个地方位于柏林的市中心。

黑格尔就在那里永久地安息了。

年谱

公元纪年	年龄	记事
1770		8月27日生于斯图加特。
1777	7	进文科学校。
1788	18	考取图宾根神学院。
1790－91	20－21	同荷尔德林、谢林住一间寝室。
1792	22	开始撰写《人民宗教与基督教》。
1793	23	9月20日神学院毕业。10月在伯尔尼当家庭教师。
1794	24	暂停撰写《人民宗教与基督教》。
1795	25	5—6月撰写《耶稣传》。
1797	27	1月在法兰克福商人戈格尔家当家庭教师。
1799	29	1月父亲去世。
1801	31	1月在耶拿。
1802	32	1月《哲学评论杂志》出版。
1804	34	首次给歌德写信。
1805	35	3月告别耶拿，前往班堡任编辑。

公元纪年	年龄	记事
1806	36	2 月《精神现象学》第一部分付印。 6 月首次领取大学年俸 600 塔拉。 10 月 14 日《精神现象学》完稿。
1808	38	任纽伦堡文科学校校长。
1810	40	向玛丽求婚。
1811	41	8 月向国王呈递结婚申请书,获准。9 月 16 日,与玛丽结婚。
1816	46	10 月迁居海得堡。讲授《哲学全书》。
1817	47	夏,《哲学全书》出版。
1818	48	1 月应邀去柏林。3 月被普鲁士国王任命为柏林大学讲授。9 月离开海得堡。10 月在柏林大学发表就职演说。
1819	49	撰写《法哲学》。
1822	52	经马格德堡等地,去荷兰的布鲁塞尔旅行。担任大学评议会委员。

公元纪年	年龄	记事
1824	54	经德累斯顿和布拉格,去维也纳。
1827	57	主编的《科学评论年鉴》于1月出版,在7、8期上发表评论洪堡作品的书评。8月去巴黎。归途去魏玛会见歌德。
1829	59	8月末—9月去捷克旅行,在卡尔斯巴德与谢林相见。10月当选为柏林大学校长,并被委派为政府全权代表。
1830	60	60大寿,他的学生们定制了一种具有特殊寓意的纪念章。
1831	61	被授予三级红鹰勋章。夏季,在克罗依茨贝格逃避霍乱。修订《逻辑学》。11月14日逝世。